ＦＰ＆投資信託のプロが教える

新NISA完全ガイド

楽天証券資産づくり研究所ファンドアナリスト
篠田尚子

はじめに
投資信託のプロが教える新NISA〝最強〟の活用法

NISAとは、毎年一定金額内の範囲で投資信託や株式などの金融商品に投資し、利益が出た場合、通常20・315%かかる税金がまるまるゼロになる制度のことです。「投資」によって得られた利益が「非課税」になることから、正式名称を「少額投資非課税制度」といいます。

一定の条件下で購入した商品について税優遇が受けられるという意味では、空港などの免税店をイメージするとわかりやすいかもしれません。NISAは、日本に住民登録している成人に与えられた、非課税口座保有の「権利」です。

「義務」ではなく、あくまでも「権利」なので、そもそも利用するかどうか、また、いつから新NISAを始めるかというのも自由です。2023年末をもって新規口座の受付が終了した、旧制度の「一般NISA」、「つみたてNISA」、「ジュニアNISA」

は、いずれも期間限定の制度として始まり、非課税期間の終了時期が決まっていました。そのため、「1日でも早く始めたほうが得」というメッセージが主流になっていました。

しかし、**2024年から始まった新NISAは、制度自体が恒久化され、非課税期間も無期限化されたことで、いつ始めてもよい制度に生まれ変わった**のです。

2023年半ば頃から、世間では新NISAに関する情報が急激に増えました。街の書店でも、関連書籍が店頭に多数並んでいます。

新NISAに関心を持ち活用しようとすること自体は、もちろん私も賛成ですが、少し気になっていることがあります。

私は、ファイナンシャルプランナーであると同時に、ファンドアナリストという投資信託の分析の専門家として20年近くキャリアを重ねてきました。

現在は、金融機関に所属しながら個人投資家向けのセミナーに登壇したり、各種メディアを通じて情報発信を行ったりするほか、有識者のひとりとして運用会社の外部アドバイザーも務めています。

そんな私の視点から見ると、新NISAについて理解が十分ではなかったり、画一的な情報ばかりが広まったりしていることが散見されます。

新NISAでは、「使いながら増やす」ことを前提に、非課税枠が大幅に引き上げられただけでなく、投資できる商品も豊富に用意されています。

つまり、それだけ多種多様な使い方ができるようになったということです。

多種多様な使い方ができるからこそ、正しい知識を持つことがより重要になります。

本書では、新しく生まれ変わったNISA制度に合った投資信託の選び方と組み合わせ方、さらにはアフターフォローまで、たっぷりご紹介しています。

また、近年、商品の選択肢が増え、使い勝手がよくなったETF（上場投資信託）についても、具体的な商品名とともに解説しています。

本書が、皆さんの資産形成の一助になれば幸いです。

2024年3月
篠田尚子

第3章 プロが厳選！オススメの投資信託30本

●オススメの「国内株式」8本 116

第4章 プロが伝授！ 新NISAのETFの賢い使い方

第5章 【ケース別】投資信託のオススメの組み合わせ方

第6章 投資信託購入後のアフターフォロー

※本書の情報は、本文中で特に断りがない限り、2024年2月末現在のものです。また、本書は投資するうえで参考になる情報の提供を目的に作成しており、本文中のすべての記述は著者の調査結果に基づいていますが、元本や確実なリターンを保証するものではありません。本書を参考にした投資結果について、著者および本書の発行元は一切の責任を負いません。

第1章

これだけはおさえておきたい新NISAのキホン

新NISA3つのポイント

新NISAには、大きく3つのポイントがあります。

【新NISAのポイント❶】制度の恒久化と非課税期間の無期限化
【新NISAのポイント❷】年間投資枠（非課税限度額）の引き上げ
【新NISAのポイント❸】生涯非課税限度額の設定

順番に見ていきましょう。

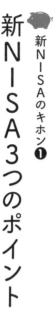

【新NISAのポイント❶】制度の恒久化と非課税期間の無期限化

「はじめに」でも触れた通り、元々NISAは租税特別措置として時限的に導入されたことから、利用できる期間が限定されていました。

そのため、口座を開設する時期によっては非課税枠に差が出てしまうことが指摘されていました。新NISAでは、制度自体が恒久化されたことにより、こうした不公平感は解消されています。

また、旧制度の一般NISAでは、5年の非課税期間終了後に非課税期間を延長するには翌年の枠を使用し、資産を移し替える「ロールオーバー」と呼ばれる手続きが必要でした。その点も、非課税期間が無期限化されたことにより、ロールオーバーの煩雑な手続きが不要になりました。

非課税で保有を続けたい資産は、基本的に何年でも保有し続けることができます。

【新NISAのポイント❷】年間投資枠（非課税限度額）の引き上げ

旧制度では、「一般」と「つみたて」の併用ができず、いずれかを選択しなければなりませんでしたが、新NISAは、「つみたて投資枠」と「成長投資枠」の2つで構成され、実質的に両者の併用が可能になりました。

要は、**従来の「一般NISA」と「つみたてNISA」を一緒に利用できるようになった**ということです。

つみたて投資枠は、原則毎月、一定金額分の商品を購入する、積み立て投資が原則です。対して成長投資枠は、積み立てだけでなく一括投資も選択でき、商品別に購入方法を使い分けることも可能です。

それぞれの最大年間投資枠は、「つみたて投資枠」が年120万円、「成長投資枠」が年240万円となり、合計で年360万円まで投資上限額が引き上がりました。

なお、各枠を利用する順番は問いません。同時に2つの枠を利用しても、どちらかを先に利用してもかまいません。

各枠の使用方法と対象商品については、改めて解説します。

【新NISAのポイント❸】生涯非課税限度額の設定

新制度では、**1人あたり1800万円の「生涯非課税限度額」**が設定されます。この非課税限度額は、文字通り生涯にわたって利用可能で、「簿価（＝取得価額）」で総枠を

「非課税枠の再利用」とは？

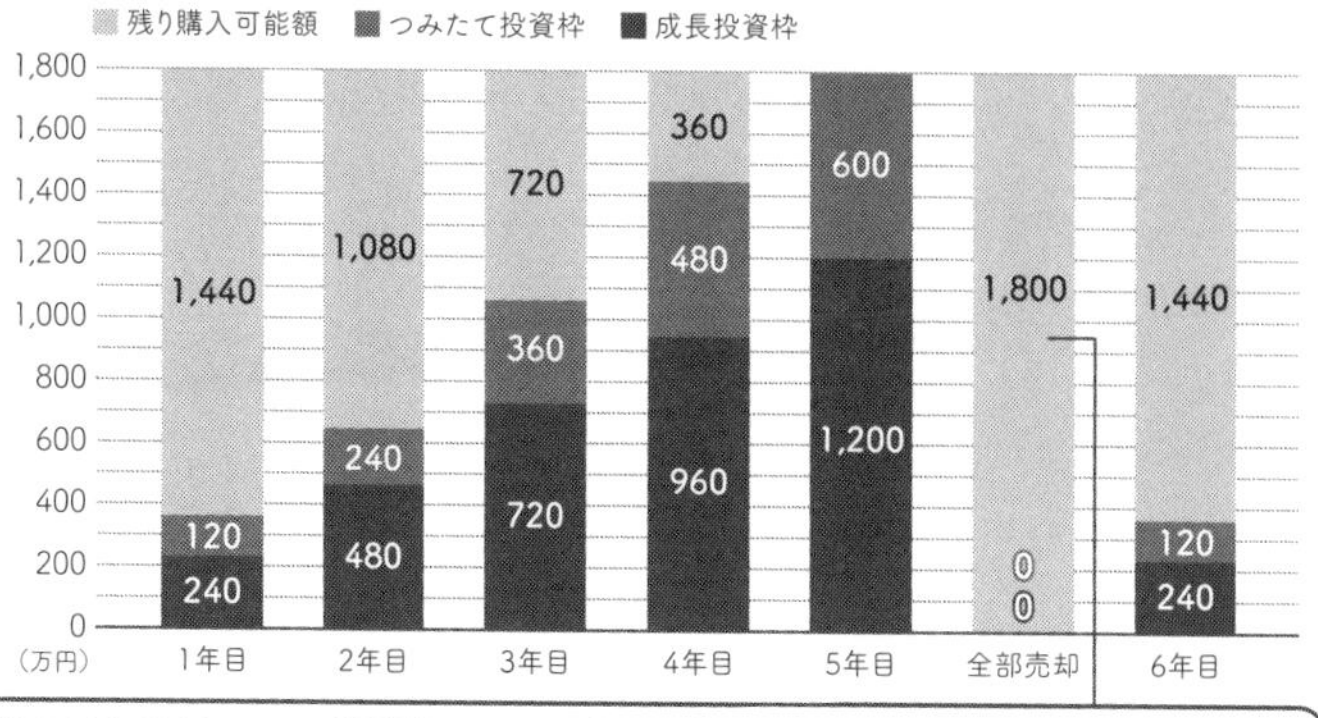

毎年360万円（つみたて投資枠120万円、成長投資枠240万円）を積み立てた場合、5年間で1800万円になるが、保有商品を売却すれば、6年目以降も360万円の積み立てを継続できる。

管理します。

簿価管理のメリットは、保有する金融商品の売却時に「簿価」が減少するので枠を再利用できることです。

旧制度は買付金額ベースで総枠が管理されていたため、保有商品の売却で空いた投資枠が復活することはなく、再利用もできませんでした。

しかし、新NISAでは投資枠が復活するため、運用商品の見直しや、まとまったお金が必要になったタイミングで引き出すことも含め、ライフイベントに応じた柔軟な対応ができるようになりました。

つまり、「使いながら増やす」ことが可能になったのです。

なお、「成長投資枠」の非課税限度額は1200万円で、1800万円の内数としてカウントされます。この部分は、買付方法が積み立てに限定されず、一括投資もできるので、まとまった資金の投資に活用できます。対象商品には幅広い種類の投資信託やETFのほか、株式も含まれます。

いかがでしょうか。

新NISAは、非課税限度額が引き上げられただけでなく、従来の制度のデメリットとして指摘されていた非課税枠の再利用ができるようになるなど、利便性が格段に向上したことがおわかりいただけると思います。

つみたてNISAは、制度上の制約により、良くも悪くも「ひたすら積み立ててほったらかし」にするほかありませんでしたが、**新NISAは、年齢やライフプランに応じた対応が可能になります**。

ちなみに、NISAは、あくまでも証券会社や銀行に開設する口座の1つなので、新旧制度ともに口座開設に伴う手数料の負担はありません。

ただし、口座内で保有する金融商品については、間接的に手数料がかかります。詳しくは後述します。

新NISAの内容

項　目	つみたて投資枠	成長投資枠
制度実施期間	2024年1月～制度恒久化	
制度選択	**併用可**	
非課税投資枠の管理	生涯非課税限度枠（総枠）を管理 簿価ベース（＝取得価額）	
最大利用可能額	**1,800万円**	内数として**1,200万円**
年間投資上限額	**120万円**	**240万円**
投資可能期間	**無期限**	
開設可能年齢	18歳以上	
購入方法	積み立て	一括・積み立て
対象商品	1. 投資信託 2. 国内ETF	1. 投資信託 2. ETF(国内・海外) 3. 個別株
非課税保有期間	**無期限**	

新NISAの最大の特長は、「投資可能期間」と「非課税保有期間」が無期限になること。

新NISAのキホン❷

新NISAはお金を〝使いながら〟増やせる！

資産形成は、20～30代の若いうちから細く長く積み立てることが理想です。

ただし、20代の頃にそもそもNISAが存在しなかった人、なんらかの事情で貯蓄や資産形成を満足にできないまま年齢を重ねてしまった人も少なくないでしょう。

「成長投資枠」は、そのような人でも資産形成において「キャッチアップ（＝追いつく）」できるよう、幅広い投資方法を認めています。

また、日々生活するうえでは様々なライフイベントが訪れ、予期せぬ出費に見舞われる場面が多々あります。

加えて、近年は多様な働き方・生き方が容認されるようになったことで、リスキリング（新しい分野や職種で新たなスキル習得を目指すこと）のために自己投資を行ったり、副業も兼ねて起業したりといった選択を取ることも珍しくなくなりました。

そうした場面において、貯めて増やしたお金を必要に応じて引き出し、使うことは、ライフプランニングの観点でも決して間違いではありません。

iDeCoを含む確定拠出年金は、制度設計上、年金受取開始年齢まで資金を引き出せませんが、NISAならいつでも引き出せます。

制度が恒久化され、非課税枠の再利用が可能になったのは、新NISAが一生付き合える制度になったことを意味します。

現在、つみたて投資枠と成長投資枠を上手く活用し、老後のための資金と、現役期間中に使う、または、使う可能性がある資金の双方を準備すること、さらに、準備した資金の効果的な使い方も、あわせて検討することが求められているのです。

新NISAのキホン❸

NISAの「唯一のデメリット」を回避する

NISAは、口座内で保有している株式の配当金や投資信託の分配金、値上がりで得られた売却益が非課税になる制度です。

つまり、**利益が出て初めて非課税の恩恵を受けられる**ことになります。

ただし、**大きな損失が発生した場合、身動きが取れなくなります**。NISA口座内で保有する資産は、損益通算（利益と損失を合算し、申告する利益を少なくする制度）や繰越控除（損失を翌年以降の税計算に持ち越して、翌年以降の利益から控除できる制度）が利用できないためです。

これは、唯一と言ってもよい、NISAのデメリットです。通常の課税口座（特定口座、一般口座）なら、損失が発生しても、ほかの利益が出ている資産と損益通算することで申告する利益を少なくし、最終的な税金の負担を減らすことができます。また、繰越控除を利用して節税することもできます。しかし、NISAではこれができません。

市場環境の変化により、一時的に損失が発生する分には問題ないものの、投資元本が大幅に毀損するような事態は避けたほうが賢明です。

詳しくは第2章で解説しますが、新NISAでは、資産形成に適さない、リスクの高い商品は対象外になっています。旧制度と比べ、投資家が安心して制度を利用できるようにするためのセーフティーネットが整備されたとはいえ、リスクとの付き合い方を間違えると、どれだけ優れた投資信託を保有しても、思うように資産を増やしていくことができません。

損失が発生する可能性を長期投資で一律に軽減できるかというと、残念ながらそこまで単純ではありません。**長期投資がリスク軽減の観点で本領を発揮するのは、2種類の「分散投資」を同時に実践した場合**なのです。

具体的には、**商品を買うタイミング（＝時間）を分散させる「時間分散」と、様々な種類の金融資産に投資をする「資産分散」**です。

新NISAのキホン❹

長期投資のリスクを軽減する2つの「分散投資」

まずは、**「時間分散」**から見ていきましょう。

つみたて投資枠が前提としている積み立て投資は、「時間分散」を自動的に実現できる最良の方法です。

世界的に見ても、個人の老後資産形成を後押しする公的な制度は、原則として、投資信託の積み立てを前提に制度が設計されています。なぜなら、積み立て投資と投資信託は長期の資産形成と相性がよいからです。

投資信託の値段は「基準価額《きじゅんかがく》」と呼ばれ、1日に1回公表されます。基準価額は、一般的に1万口あたりの値段を指すことが多く、「1万口あたり1万円」から運用をスタートします。

この「口数」の考え方は、スーパーで売っているパックのお肉をイメージするとわかりやすいでしょう。パック肉は、「100グラムあたり○○円」として売られています。肉のグラム数あたりの値段が日によって変わるように、投資信託も、口数あたりの値段、つまり基準価額が日々変動します。

グラム数あたりの値段が下がると、同じ予算で多いグラム数の肉を多く買えるのと同様、**投資信託も、基準価額が下がると、より多くの口数を買える**のです。

このように、積み立て投資のメリットは、基準価額の下落時でも自動的に積み立てられることで、口数を増やし、結果的に平均買付単価を下げられる点にあります。

なお、投資信託を利用した積み立ては、即効性を期待できる投資方法ではありません。半年や1年などの短い期間で結果=利益を出したいなら、成長投資枠で、積み立て以外の投資方法も併用することをオススメします。

このように、「時間分散」は、積み立てを行えば比較的容易にクリアできますが、もう1つの「**資産分散**」は、誤って理解されている人が多い傾向にあります。

資産分散で重要なのは、**値動きの方向性が異なる資産、つまり、相関が低い資産を保有する**ことです。

例えば、一口に「株式」と言っても、景気上昇局面にリターンが期待できる成長（グロース）株と、景気後退期に耐性を発揮する割安（バリュー）株や高配当株があります。両者は同じ株式ですが、値動きの方向性が異なるので、同時に保有しても分散効果が期待できます。資産間の相関が低ければ、2資産だけでもリスクを下げることは可能です。

一見すると、より多くの資産に分散投資したほうがリスクを抑えられそうですが、組み入れ資産の数が多いからといって、投資信託そのもののリスクが一律に低くなるわけではないのです。

以上の2種類の分散を長期にわたって実践することこそが、長期投資の本質です。具体的な商品の組み合わせ方の例については、第5章で詳しく解説します。

2種類の「分散」を正しく理解する

時間分散 投資するタイミングを複数回に分散させることで平均買付単価を下げる。

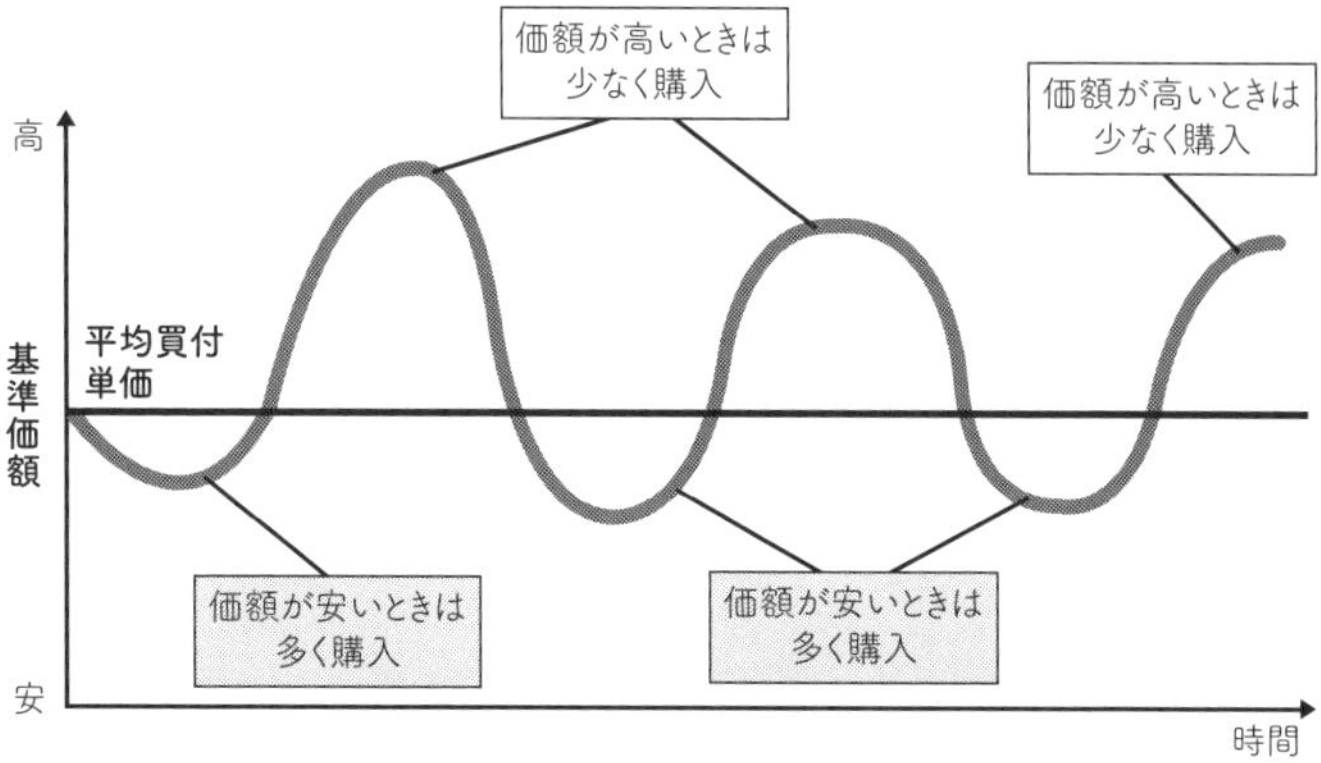

資産分散 値動きの方向性が異なる(相関が低い)複数の資産に資金を分散させることで、資産の大幅な下落リスクを抑える。

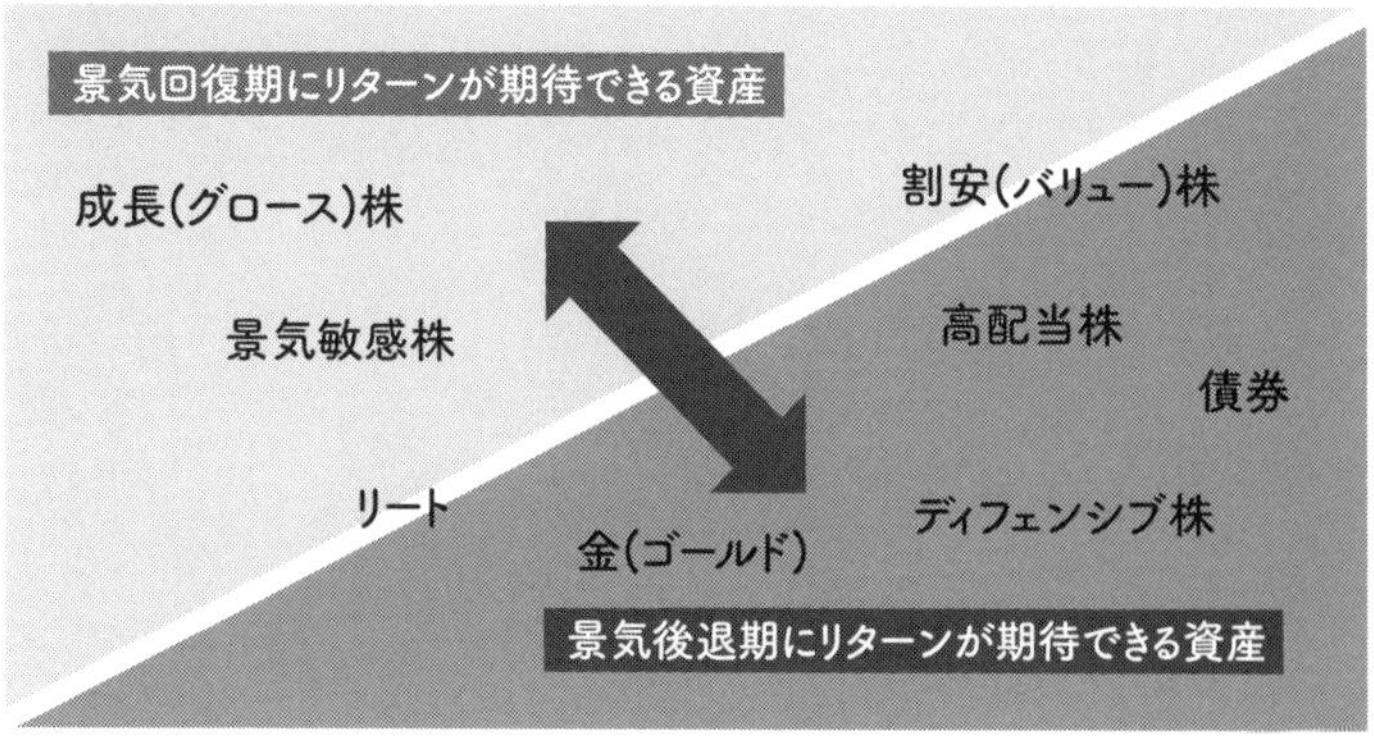

第2章

新NISAの〝最強の活用法〟をズバリ教えます！

新NISAの投資信託

新NISAで購入できる商品、できない商品

新NISAでは、つみたて投資枠と成長投資枠で購入できる商品が異なります。長期資産形成を想定した「つみたて投資枠」は、その名の通り、買付方法が積み立てに限定されています。また、対象商品も、金融庁が定める基準を満たした「長期」「積み立て」「分散」投資に向いた投資信託とETF（上場投資信託）に限定されています。具体的に言うと、株式の組み入れ比率が高いインデックス型やバランス型の商品が中心です。債券のほか、リート（不動産投資信託）や金（ゴールド）などの代替資産は対象外です。

対して「成長投資枠」のほうは、非課税枠が最大1200万円と額が大きく、かつ一括投資も選択できます。多様な投資家のニーズに応えられるよう、「つみたて投資枠」の対象商品に加え、幅広いリスクレベルの投資信託とETFが用意されています。

新NISAで買える商品

つみたて投資枠	成長投資枠
1. 投資信託 2. 国内ETF ただし、いずれも長期の積み立て・分散投資に適した一定の商品に限る(旧つみたてNISA対象商品と同様)	1. 投資信託 ただし、以下を除く ●信託期間20年未満 ●毎月分配型 ●デリバティブ取引を用いた一定の投資信託等 2. ETF(国内・海外) 3. 個別株 ●整理・監理銘柄を除く ※金融機関による「成長投資枠」を使った回転売買への勧誘行為に対し、金融庁が監督指針を改正し、法令に基づき監督及びモニタリングを実施

また成長投資枠では、個別株式とリート(不動産投資信託)も対象です。

個別株に関しては日本の取引所に上場する銘柄だけでなく、海外の株式市場に上場する銘柄も一部対象になっています。

ただし、ETFを含む上場株式は、証券会社でないと取引できません。

では、新NISAで購入できない商品にはどのようなものがあるでしょうか。

新NISAでは、つみたて投資枠、成長投資枠ともに、長期投資に適さない商品、投機的な取引を誘発する恐れがある商品は、対象からあらかじめ除外されています。

投資信託では、毎月分配型（複利効果が得られにくく、非課税メリットを最大限に享受できない可能性がある）や、高レバレッジ型（先物などを活用し、投資元本を上回る成果を目指す反面、損失も大きくなる可能性がある）は、対象外です。

また、設定から償還までの年数（信託期間）が20年未満の投資信託も除外されています。言い換えると、新NISAで購入可能な投資信託は、最低でも20年以上の運用期間があるということです。

なお、投資信託の信託期間は、運用会社が届出を行うことで延長ができます。

個別株では、上場廃止の恐れがある管理銘柄、上場廃止が決定した整理銘柄も対象外です。

これらの銘柄は、長期投資に適さないだけでなく、投機的な取引につながる可能性が高いためです。なお、金融庁のウェブサイトには、対象商品の基準の注釈として次の文言も記載されています。


金融機関による「成長投資枠」を使った回転売買への勧誘行為に対し、金融庁が監督指針を改正し、法令に基づき監督及びモニタリングを実施

この文言が何を意味するかというと、金融機関が手数料稼ぎを目的として必要以上に商品の売買を推奨しないよう、一定のルールが設けられている、ということです。これも、投資家が安心して制度を利用できるようにするためのセーフティーネットのひとつです。

旧制度同様、新ＮＩＳＡも今後、改良が加えられることは十分に考えられます。

反対に、制度の意図に反した利用方法が目立つようなことがあると、対象商品の基準や取引ルールが厳格化される可能性も否定できません。

長期にわたって付き合っていく制度だからこそ、制度がつくられた背景も含めて理解することが大切です。

投資信託のキホン❶

人気のインデックス型の商品は本当に「万能」か？

投資信託の中には、「インデックス型」と「アクティブ型」という2つのタイプがあります。

まず、インデックス型とは、S&P500指数や東証株価指数（TOPIX）など、特定の指数（インデックス）に連動するよう設計された投資信託で、コストを抑えながら、効率よく分散投資が実現できる、大変使い勝手のよい商品です。

次にアクティブ型とは、ベンチマーク（運用の良し悪しを測る基準として掲げられた指数）を上回る運用成果を目指す投資信託です。また、アクティブ型の中には、市場平均よりもリスクを抑えることを目的として運用する商品もあります。アクティブ型は、インデックス型に比べて、なんと言っても運用の柔軟性が高いのが特徴です。

レストランで例えるなら、インデックス型は、どの店舗でも同じ価格で均一の味を提供するチェーン店です。対してアクティブ型は、シェフが腕を振るうこだわりのレストランといったところでしょう。

インデックス型は、チェーン店と同様にマニュアルに則った運用を行うため、運用にかかわるコスト（＝信託報酬）が低く抑えられています。これこそが、インデックス型の最大の魅力です。インデックス型は、保有期間中のコストの安さと商品性のわかりやすさに加え、右肩上がりの上昇を続けてきた株式市場の後押しもあり、近年人気を博してきました。私も、長期でコツコツと積み立てるなら、地域が広く分散された「全世界株式」のインデックス型を最初の１本に選ぶべきだと考えます。

しかし、ここで誤解してはいけないのは、**インデックス型はけっして「万能」ではない**ということです。**あくまでも、最初の１本として「無難」な商品であるにすぎません。**服に例えるなら無地の白いＴシャツやブラウスのように、万人受けする商品といったほうが的確な表現かもしれません。

インデックス型の弱点をズバリ申し上げると、**株式インデックスの多くが、株式時価総額（株価×発行済み株式数）に基づいて銘柄を組み入れていること**です。

あくまで株式の時価総額はその時点の市場価値の実態を表す数字であり、将来の成長性や期待値は加味されていません。

したがって、5年後、10年後の上昇が期待される地域や銘柄を重点的に取り入れたり、将来性に疑問符がつく投資先をあらかじめ排除したりすることもできません。

以上から、**時価総額加重型のインデックスは、「昨日までの成功者の集合体」と揶揄されることがあります。**

例えば、近年、新興国の有望な投資先としてインドに注目が集まっていますが、「全世界株式インデックス」の代表格であるMSCIオール・カントリー・インデックスにおけるインドの組み入れは2％未満、同じように、「新興国株式インデックス」の代表格であるMSCIエマージング・マーケット・インデックスでも17％程度です（次ページの図参照）。前述の「今現在の市場価値」で見た場合、実態としては中国の存在感が圧倒的に大きいのです。

もし、将来の成長に期待して、インドをはじめとする有望な投資先を今のうちに取り入れておきたいなら、「全世界株式インデックス」に追加するなどの工夫が必要です。

インデックス型の弱点

MSCIエマージング・マーケット・インデックスの
国別構成比率

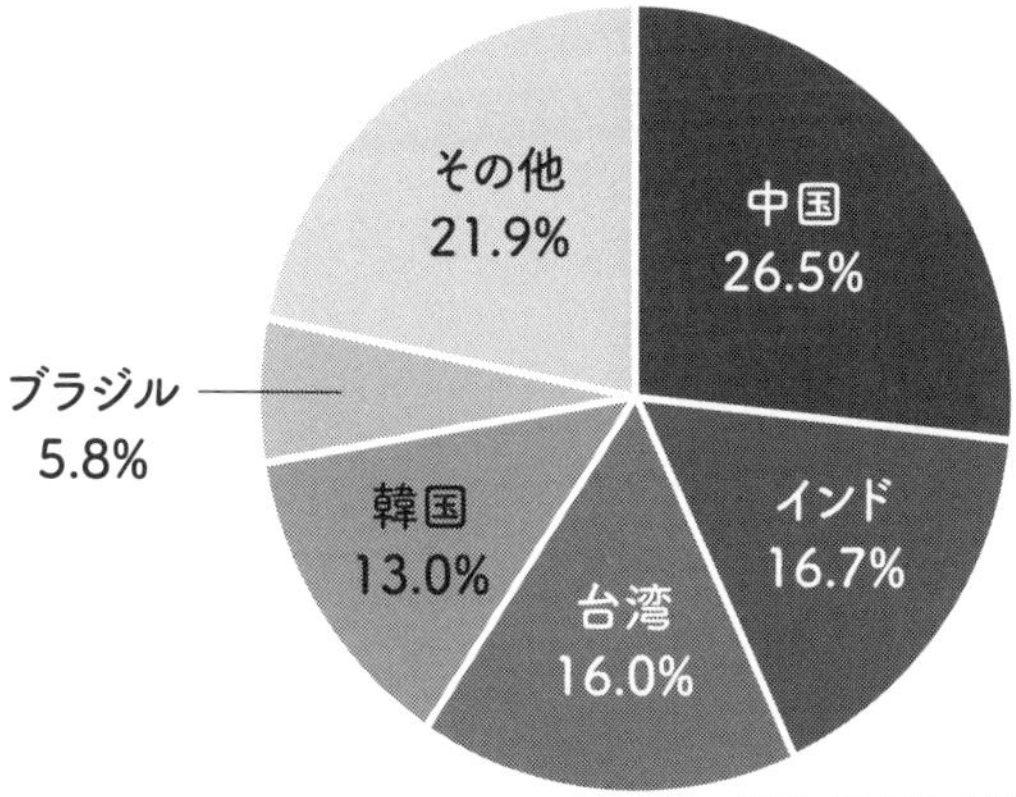

※MSCI社の開示資料を基に筆者作成。
2023年12月末時点。

インデックス型は、「将来の成長性」よりも、その時点の市場価値がより重視される。
そのため、「新興国株式のインデックス型」の代表的な商品でさえも、近年、新興国の有望な投資先として注目が集まっているインドの組み入れ比率は中国よりも低くなってしまっている。

「時価総額が大きい」＝「優良企業」ではない！

「時価総額が大きい銘柄は優良な企業」

このような意見を目にすることがありますが、必ずしもそうとは限りません。

じつは、「時価総額が大きい銘柄」の中には、実力以上に過大評価されて割高な株価になっている銘柄や、成長がそれほど期待できない銘柄が含まれているのです。

インデックス型は指数に連動する必要があるので、時価総額は大きいものの、必ずしも優良とはいえない銘柄にも投資しなければなりません。これは採用銘柄が時価総額を基準に決められている限り、解消されない欠点です（日本を含め、世界の主要な株価指数のほとんどが時価総額を基準にしています）。

この課題がリスクとして顕在化したわかりやすい例が、S&P500指数のテスラ株の組み入れです。

２０２０年12月21日に、米国の電気自動車大手テスラ社が、Ｓ＆Ｐ５００指数に採用されました。当時、同社の株価はすでに割高な水準にあると各方面から指摘されていましたが、時価総額で見たときの存在感の大きさゆえ、指数のルール上、もはや採用せざるをえない状態でした。

その後、テスラの株価は乱高下を繰り返し、採用当時と比べると多少は上昇したものの、Ｓ＆Ｐ５００指数全体の上昇率には及ばない状態が続いています。株価が振るわない理由は様々あるものの、かつてほど同社に成長性の面で期待が寄せられなくなったことは事実です。

このテスラの例のように、インデックス運用では、株価が割高な水準であるとわかっていても、採用が決まったら組み入れなくてはならず、結果的に指数全体の足を引っ張ってしまうことがあります。長期資産形成で重要なのは、インデックス型とアクティブ型のどちらが良いか悪いかを決めつけるのではなく、両方を使い分けるようにすることです。どちらかに過度な肩入れをすることなく、冷静にそれぞれの強みと弱点を把握することで、自分に合った、優良な投資信託を見極められるようになるのです。

投資信託のキホン❸

「投資信託のコスト」の判断基準は？

インデックス型が人気を博している理由の1つに、コストの低さが挙げられます。長期投資においてコストが重要であることは間違いありません。

ただ、表面的なコストの水準だけにとらわれていると、「木を見て森を見ず」状態になり、投資信託選びで重要なポイントを見落とすことになるので注意が必要です。

そこで、ここでは「信託報酬」（投資信託を保有している間にかかるコスト）について解説しておきたいと思います。

まず、投資信託は運用会社に所属するファンドマネジャーと呼ばれる専門家が投資家に代わって運用にまつわる意思決定を行います。

投資信託の運用を運用会社に託すにあたり、購入者は一定のコストを負担する必要があります。このコストこそが「信託報酬」であり、投資信託を保有している間は間接的に負担し続けることになります。

具体的な料率は、投資信託の取扱い説明書である「目論見書《もくろみしょ》」に年率の値が記載されています。この年率の値が日割りされ、基準価額の計算時に費用として、購入者から預かったお金(投資信託財産)から支払われています。別途口座から引き落とされることはないので、その点は安心してください。

毎営業日公表される投資信託の基準価額には、すでに信託報酬が反映されているため、「騰落率」、あるいは「リターン」として示されている数値がそのまま投資家のリターンになります。

また、信託報酬は、銀行や証券会社などの販売チャネルに関係なく一律の料率が適用され、①販売会社、②運用会社(委託会社)、③受託会社の3社に分配されます。商品によって多少の差はありますが、投資信託の組成・運用を担う運用会社と、投資信託を実際に販売する販売会社が、それぞれ全体の40%から45%程度を受け取り、購入者から預かった資金を保管・管理する受託会社(信託銀行)が5%程度を受け取ります。このように、信託報酬は、その全額が運用の対価として運用会社に支払われるわけではありません。

目論見書を含む法定書面の交付のほか、分配金や換金代金、償還金の支払いを行うのは販売会社です。銀行や証券会社は、投資信託の販売時だけでなく、販売後のアフターフォローに関連する費用も信託報酬で賄っています。また、各社がしのぎを削って展開している、各種のポイント付与サービスの「原資」も信託報酬です。

最近は、ネット証券を中心にインターネット取引で販売手数料を無料（ノーロード）にする金融機関が増えました。取引時の手数料を無料にしてもビジネスが成り立つのは、預かり残高を積み上げ、信託報酬経由で間接的に収益を得ているからです。

信託報酬の料率は、投資信託の種類によって大きくばらつきがあります。

ベンチマークに連動した運用成果を目指すインデックス型の信託報酬は、総じて低く抑えられています。

一方、運用の自由度が高いアクティブ型は、インデックス型と比べて運用で労力を必要とする分、相応のコスト＝信託報酬率がかかります。

前述の通り、インデックス型は全国どこでも同じ味を提供するチェーン店、アクティブ型は、シェフが腕を振るってこだわりの一皿を提供するレストランです。

チェーン店と同様、商品性に大きな差がないインデックス型の場合、基本的に信託報酬率をファンド選びの基準にしても差し支えありません。理論上、信託報酬率が高いファンドほどベンチマークの指数との乖離が生じるためです。

他方、アクティブ型の場合、運用方針、期待リターン、想定されるリスクは商品ごとに異なります。商品性が多岐にわたるため、インデックス型のように、単純な信託報酬の水準だけで商品の良し悪しを判断することはできません。

最も重要なのは、信託報酬の高低ではなく「妥当性」なのです。

本書で紹介しているアクティブ型の投資信託は、コストが適正な水準であるかどうかも考慮に入れて選定しています。ぜひ参考にしてみてください。

「アクティブ型はアブナイ」って本当？

「アクティブ型の投資信託」と聞くと、大きなリターンを取りにいくために積極的な運用をしている商品をイメージする人が多いかもしれません。

あるいは、インデックスファンドと比べたときの相対的なコストの高さがクローズアップされるあまり、「あまりよくわからないけど、避けたほうがよい」と、買ってはいけない商品として認識している人もいるようです。

近年、米国を中心にインデックス型の投資信託に有利な市場環境が続いたため、このような考え方になるのも無理はないかもしれません。

しかし、この2つのポイントは、じつはアクティブ型の実態を正確に表していないのです。

なぜなら、**アクティブ型とは、必ずしも高いリターンを狙いに行く投資方法ではない**からです。

そもそも資産運用の世界では、アクティブ運用の明確な定義は存在せず、一般的に、指数に完全に連動していない「非インデックス型」の商品をアクティブ型と総称しています。

「Active」という英単語には「積極的」「活発な」「能動的」などの意味がありますが、アクティブ型の「Active」が意味するのは運用の自由度の高さであって、高いリスクを負って高いリターンを追求することだけではありません。インデックス＝市場平均よりもリスクを抑えて運用することも、アクティブ運用のなせる業です。

インデックス型とアクティブ型には、資産タイプ別に特徴があります。

具体的には、**アクティブ型がインデックス型に「勝ちやすい」資産タイプと、「勝ちにくい」資産タイプ**です。

市場の自浄作用が十分に働いていない国内株式は、アクティブ運用のファンドマネジャーの活躍できる余地が大きく、頭ひとつ飛び抜けた「超優良」商品がじつは多数存在します。

また、国内リート（不動産投資信託）のように、投資ユニバース（組み入れ銘柄の候補群）が狭い資産もまた、優良なアクティブ型が多いカテゴリーです。

一方、投資ユニバースが広い海外資産は、アクティブ運用がインデックスに勝ち続けることが難しいカテゴリーです。その代表格が、米国株式です。

世界の投資家が参加する米国の株式市場は、世界一、自浄作用が働いている市場と言っても過言ではありません。

自浄作用とは、時代ごとに成長性の高い企業が時価総額上位に名を連ね、敗者は自動的に退場するというサイクルのことです。

5~10年もすれば、インデックスの構成銘柄の上位の顔ぶれがガラリと変わるのが、米国の株式市場の大きな特徴です。

つまり、インデックスを通じて市場の大きなトレンドに乗っているだけでも、一定のリターンが期待できるのが米国の株式市場ということなのです。

「インデックスこそが最強の投資方法」という表現をよく見かけますが、「インデックス投資が最強」なのではなく、**米国のように「自浄作用が働いている株式市場のインデックス投資が最強」**なのです。

このように、海外株式は投資信託の本数こそ潤沢ですが、中長期にわたって安定的にインデックス型を上回っているアクティブ型となると、残念ながら両手で数えられるぐらいしか存在しません。

こうしたカテゴリーごとの特徴や、運用成績の傾向を大まかにでも把握しておくと、インデックス型とアクティブ型を効果的に使い分けられるようになります。

繰り返しになりますが、**資産形成で成功するための秘けつは、「インデックスかアクティブか」と白黒つけることではなく、それぞれの特徴とメリット・デメリットを理解したうえで投資信託を使い分けること**です。

特に、アクティブ型をどの場面で活用するかが重要なポイントになります。

市場平均よりもリスクを抑えて、近々訪れる「使う」場面に備えたい、あるいは、取れるときにリスクを取って、市場平均以上のリターンを積み上げておきたい場合は、アクティブ型の選択肢も視野に入れたほうがよいでしょう。

投資信託のキホン❺

「制約のある資金」は「バランス型」を活用

私がファンドアナリストとして世界の投資信託市場を見てきた中で、ここ十数年の間に特に進化したと感じるのが、**バランス型の投資信託**です。

転換点は2000年代後半の世界的な金融危機でした。

金融危機下のマーケットでは、いわゆる教科書的な分散投資のセオリーが通用せず、あらゆる資産が大きな下落に見舞われました。運用に充てられる時間が十分に確保できるなら、いずれ反転するだろうと気長に待つこともできますが、プロの投資家の世界ではそうはいきません。

そこで広まったのが、市場環境に応じて資産配分を機動的に変更させるタイプの商品です。海外では一般的に**「マルチアセット運用」**と呼ばれるこの運用手法は、株式や債券などの伝統資産のほか、ファンドによっては金や不動産などの非伝統資産（代替資産

投資信託のタイプ別特徴

インデックス型

日経225やニューヨーク・ダウなど、特定の市場平均インデックスに連動した運用成果を目指す。

「全国どこでも安定した味を提供するチェーン店」

アクティブ型

インデックス型よりも高いリターン、あるいは低いリスクを追求して柔軟な運用を行う。

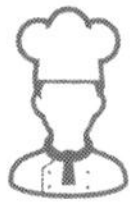

「シェフが腕を振るう、こだわりのレストラン」

バランス型

株式、債券、リートなど、複数の資産や地域に分散投資を行う。資産を「大きく増やす」ことよりも、「減らさない」ことに重きを置いた運用。

「ワンプレートランチ」、「シェフのおまかせコース」＝1本でも完結。

＝オルタナティブ資産）も組み入れ、市場環境に応じてリスク管理をしながらリターンの創出を目指します。

よりシンプルに言うなら、**運用資産を「大きく増やす」ことよりも、「減らさない」ことに重きを置いて運用を行う**点に特徴があります。日本では、旧NISA制度が始まる前の2012年頃から個人向けの投資信託として登場するようになりました。

プロではない、一般個人の資産運用・資産形成においても、資金の性格によっては、最初からリスクを抑えた商品を取り入れたほうがよいケースはあります。

代表的なのは、教育資金のように、「使う時期がおおよそ決まっている資金」です。

また、退職金や相続によって受け取った資金のように、なるべく減らしたくないという性格を持った資金についても、最初から「減らさない」ように設計された商品を選んだほうがよいでしょう。

このように、資金の性格上、何らかの制約がある場合は、商品の中でリスクを調整してくれるバランス型の投資信託を上手く取り入れることをオススメします。

投資信託のキホン❻

為替変動の「追い風参考記録」に注意

米ドルやユーロなど、外貨建ての資産に投資していても、国内籍投資信託の基準価額はすべて日本円で算出されます。

そのため、外貨建て資産に投資する投資信託の場合、日本円で基準価額が算出される段階で為替変動の影響を受けることになります。為替変動は、円建てで投資する投資家にとって、敵にも味方にもなり得る存在です。

突然ですが、新型コロナウイルスが猛威を振るっていた2020年末、1ドルが何円台だったかみなさんは覚えているでしょうか？

答えは、103円です。

ドル／円は、その後、2023年後半に150円の大台を超えました。3年の間に4割以上も円安が進んだことになります。

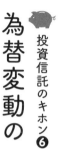

S&P500指数と円建てインデックス型のリターン推移

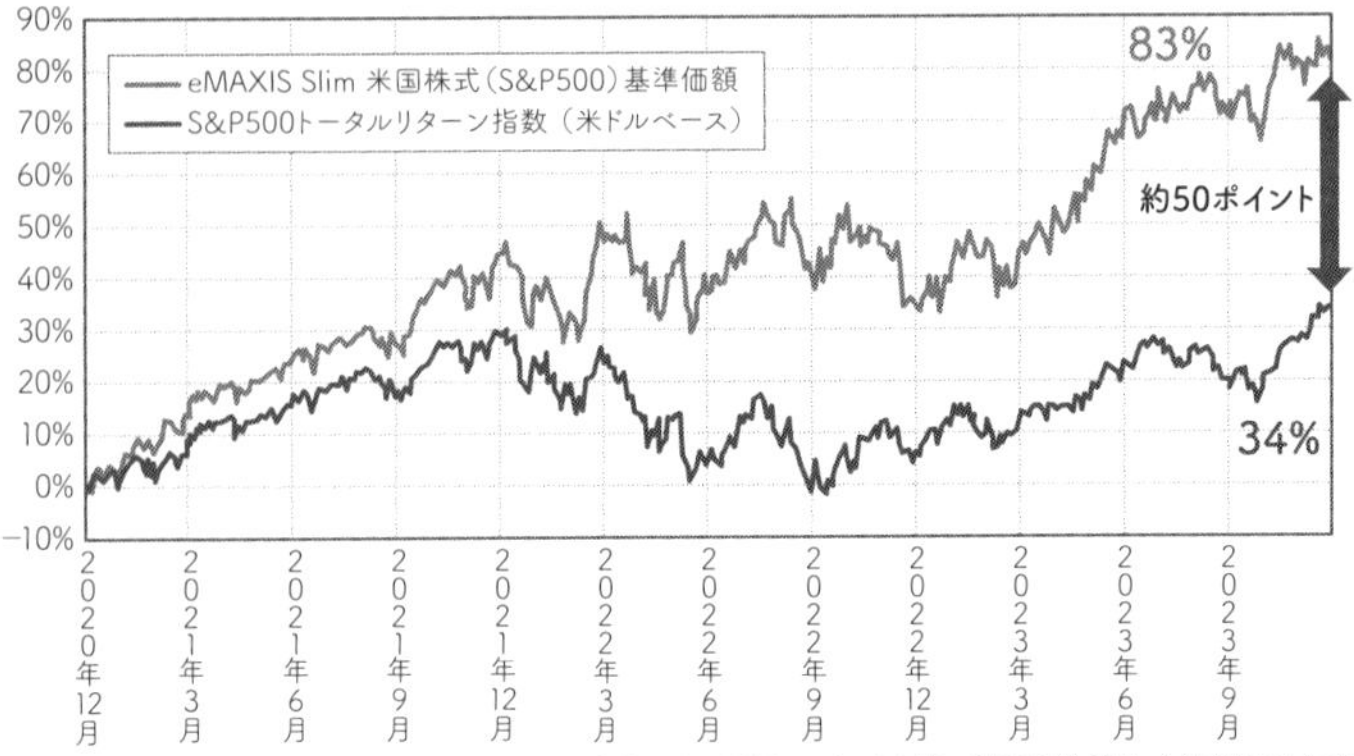

※QUICK、S&Pのデータを基に楽天証券資産づくり研究所作成

このように、円がドルに対して下落する円安の状態は、外貨建て資産に投資する投資信託にとって追い風になります。なぜなら、**「円が安くなる＝ドルの価値が高くなる」ので、米ドル建て資産の円換算での価値が上昇する**からです。実際、２０２０年から２０２３年にかけて進んだ急速な円安は、「全世界株式インデックス」のほか、「S&P５００」や「ニューヨーク・ダウ指数」など、米ドル建て指数への連動を目指すインデックスファンドの成績を軒並み押し上げました。

「S&P５００」を例に取って見てみましょう。上の図を見てください。

同指数への連動を目指す代表的なイン

デックス型の商品は、2023年末から遡ること3年間で約83％上昇しました。対して、現地通貨＝ドル建てのS&P500の上昇率は、同じ3年間で34％にとどまっています（配当込みベース）。この差こそが円安進行によってもたらされた為替差益です。

少し違う視点から見てみましょう。

現地通貨ベースで比較した場合、じつは2023年に関しては、日経平均株価やTOPIX（東証株価指数）への連動を目指すインデックス型の投資信託のほうが、S&P500指数よりも単純なリターンは高かったのです（次ページの図参照）。

日本の投資家は、基本的に円というフィルターを通して海外の株式指数を見ています。為替変動も重要なリターンの源泉であり、外貨建て投資の醍醐味ではありますが、あまりにも急速に円安が進むと、時に錯覚を引き起こします。

この点からも、2023年末から遡ること3年程度のインデックス型投資信託の成績は、「追い風参考記録」と捉えたほうがよいでしょう。

日米株式インデックス型の年率リターン比較

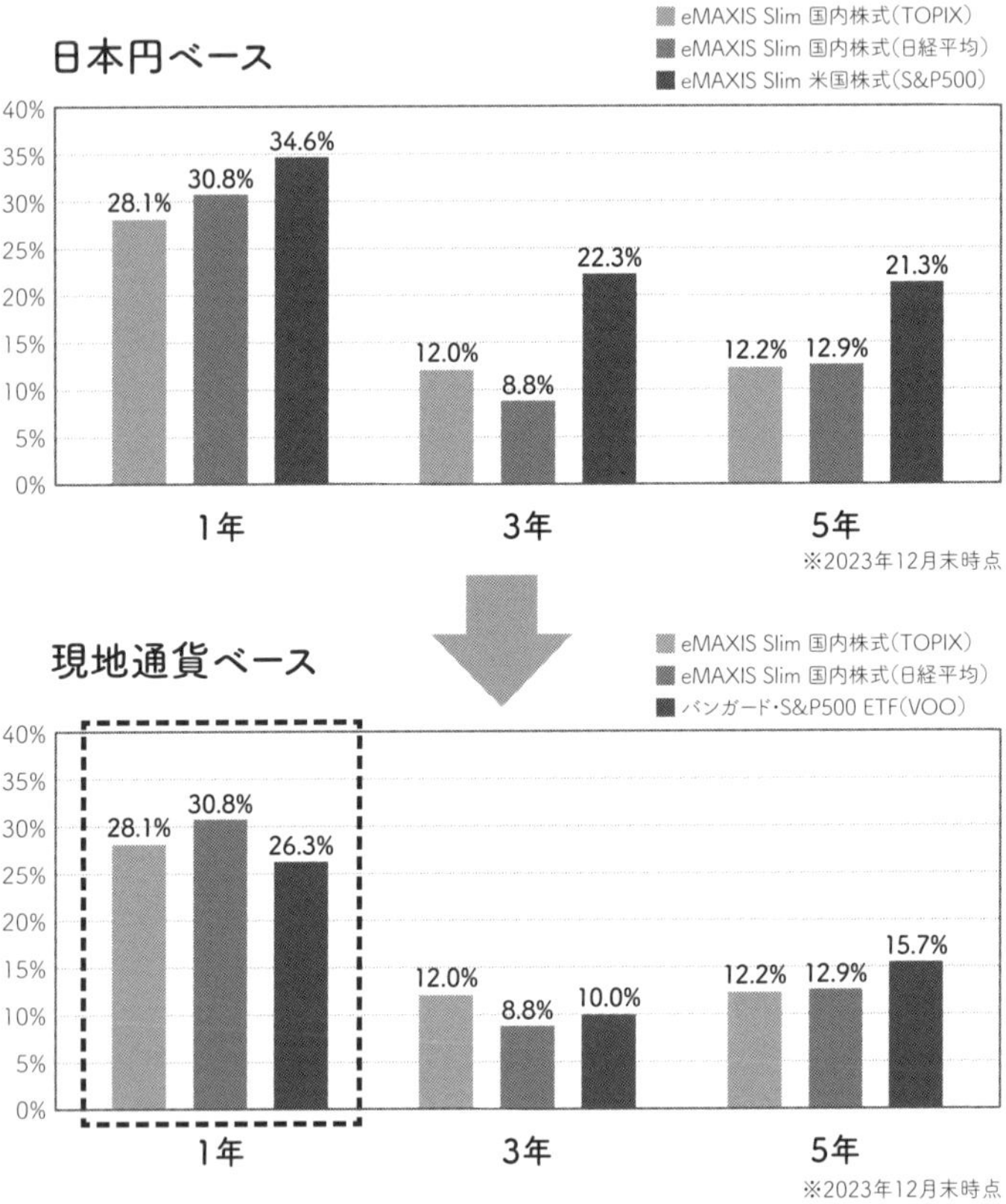

現地通貨ベースにすると、2023年の1年間は、日経平均株価やTOPIX（東証株価指数）への連動を目指すインデックス型の投資信託のほうが、S&P500指数よりも単純なリターンは高い。

投資信託のキホン❼

円高に備えた為替ヘッジ機能がある商品を持っておいたほうがよい？

円安とは反対に、円がドルに対して上昇する円高の状態は、米ドル建て資産に投資する投資信託の収益を目減りさせてしまいます。

そのため、円高に備え、為替ヘッジ機能のついた投資信託を保有しておいたほうがよいのかと迷う人も多いと思います。

為替ヘッジは、使うタイミングとヘッジをかける資産によっては有効ですが、現在はヘッジコストが上昇していることもあり、あまり積極的にオススメできません。

一般的に為替ヘッジは、将来交換する為替レートをあらかじめ予約する「為替先物予約」などを通じて行われます。

為替ヘッジ機能付きの投資信託を選べば、為替変動の影響を気にすることなく、外貨建て資産に投資できます。

為替先物予約を行う際は、為替変動の影響を抑えたい外国通貨（例：米ドル）と日本円の短期金利差がヘッジコストとして反映されます。

各国の短期金利は変動するので、ヘッジコストも金利差に応じて変動します。金利差が小さければ小さいほどヘッジコストは低く済みます。

一方、金利が高い通貨でヘッジをしようとすると、その分だけヘッジコストがかさみ、運用収益を押し下げます。じつは、近年の世界的な利上げ傾向により、ヘッジコストは上昇傾向にあります。

これまで、世界的な金融緩和政策が継続していた中では、ヘッジコストも低く抑えられていました。しかし、2022年以降は、各国の金融引き締め観測の高まりなどにより上昇に転じています。

ヘッジコストは、運用されている資産（信託財産）から差し引かれ、日々の基準価額に反映されます。そのため、コストがかかっていることを実感しにくいのですが、近年のように金利差が拡大する局面では、間接的に運用成績を押し下げる要因になることを頭に入れておきましょう。

長期の資産形成では、短期的な為替変動の行方を予測するよりも、為替リスクは存在するという前提で付き合い方を把握しておいたほうが賢明です。

同時に、海外資産のインデックスファンドに投資する際は、指数＝株式市場の実力と、為替変動によってもたらされたリターンを混同しないよう、注意しましょう。

つみたて投資枠の賢い使い方❶

最初の一歩は「全世界株式インデックス」でOK

新NISAが自由度の高い制度に生まれ変わったとはいえ、資産形成の土台部分に当たる「つみたて投資枠」については、10年単位の長期投資を想定し、使い方を考えたほうがよいでしょう。

長期投資の最大の利点は、一時的に大きな損失が発生しても、挽回できる可能性が多く残されていることです。裏を返せば、運用に充てられる時間が短ければ短いほど、大きな損失を出さないよう、より慎重にリスク管理をする必要があります。

おおむね5年から10年以内に資金を使う予定があったり、向こう10年以内に資産の取り崩しを検討したりしている場合は、成長投資枠を上手く活用してリスクを調整することが重要です。

すでに解説した通り、インデックスは、長い目で見ると株式市場に働く自浄作用が反映され、なおかつコストも低く抑えられているので、長期運用と相性がよいという特徴があります。

投資に充てられる期間を5年以上確保できるなら、「つみたて投資枠」と「成長投資枠」ともにインデックス型にしてもかまいません。

5年以内に使う予定が訪れそうな場合、成長投資枠でアクティブ型を取り入れるなどして、運用資産全体の安定性にも配慮しましょう。場合によっては、投資に回さないという判断も必要です。

インデックス型の第1候補は、「全世界株式型」の投資信託です。

ポイントは、なるべく広い地域を網羅しているインデックスを選ぶことです。

「たったこれだけ?」と思うかもしれませんが、例えるなら、「全世界株式型」は、インデックス界の「幕の内弁当」のようなものです。先進国から新興国まで、投資可能な地域を全体的に網羅しているので、1本でも完結するのです。

対して、「S&P500(米国株式)」に代表される単一国のインデックス型は、メインのおかずがドンと乗った「鮭弁当」のイメージといえます。

シンプルでわかりやすく、株式時価総額の大きさでも圧倒的な存在感を誇りますが、「幕

分散投資の視点から見た「S&P500」との賢い商品組み合わせ例

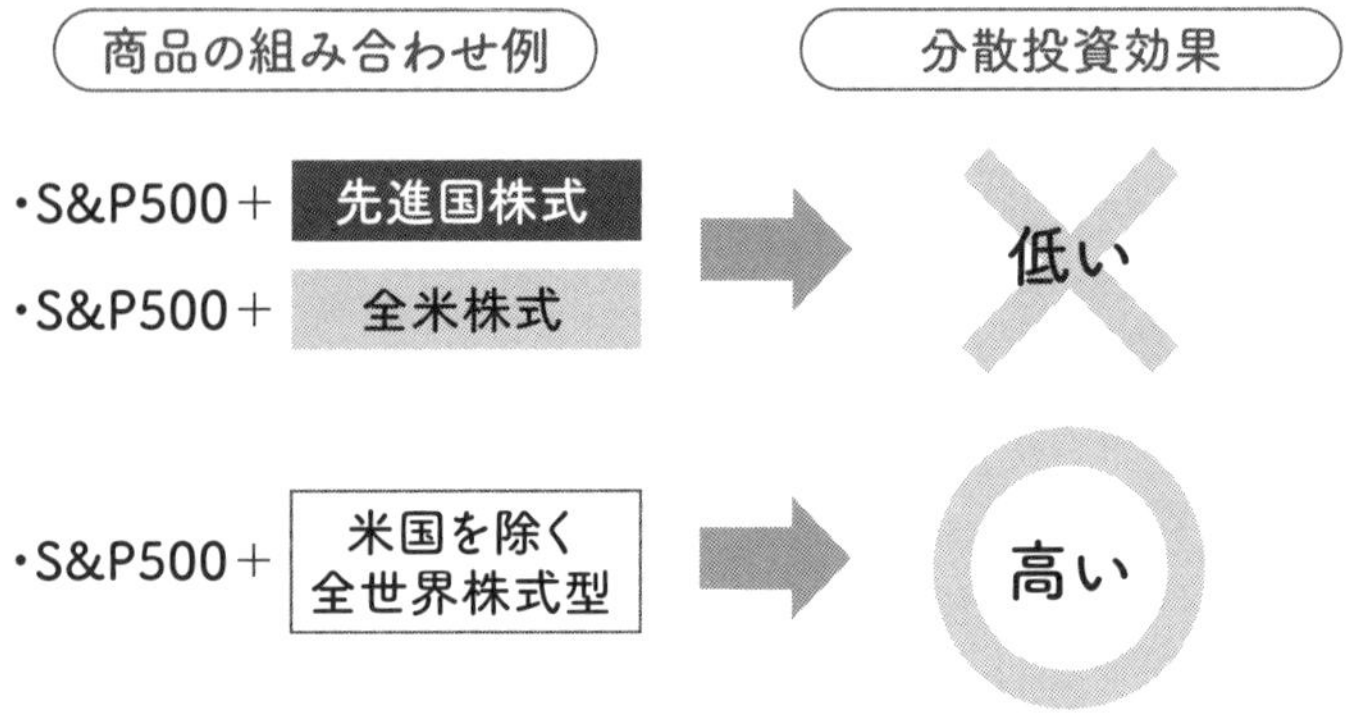

の内弁当」と比べて栄養バランスに偏りがあることは否めません。短期的な市場の調整に見舞われる可能性は否定できないので、その点は注意しましょう。

すでにiDeCoやNISAで「全世界株式型」ではなく、「S&P500」を積み立てている場合は、例えば「米国を除く全世界株式型」のインデックスを組み合わせることで、実質的に「全世界株式型」のインデックス型をつくることができます。

このようにパズルを完成させるイメージで、足りないパーツ（地域、資産）を追加していくことが、分散投資を成功させるポイントです。

成長投資枠の賢い使い方❶

成長投資枠は「自由投資枠」

成長投資枠には、リスクのレベルで見ると幅広い商品がラインナップされているといえるでしょう。

成長投資枠で投資できる商品の中には、投資中～上級者向けのリスクが高い商品から、反対に株式よりもリスクを抑えた商品まで含まれています。

「成長」と聞くと、リスクを取って積極的に資産を増やしていかなくてはいけないような印象を受けますが、必ずしもそうした使い方をする必要はありません。

成長投資枠とは、つまり「自由投資枠」なのです。

成長投資枠の商品を検討する際は、資金の性格や自身の投資経験に照らし合わせて、枠をどのように使いたいかというおおまかな方向性を先に決めるとよいでしょう。

そうすることで、自分のニーズに合った商品をある程度絞り込むことができます。

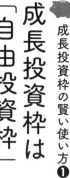

投資信託に限らず、私たちが口にするものや身につけるもの、何でもそうですが、商品の品質と適性はまた別の話です。

その商品がどれだけ良質だったとしても、自分に合わなければ、品質の高さが活かされないどころか、むしろマイナスに作用することもあります。

成長投資枠の最もシンプルな使い方は、つみたて投資枠の延長で積み立てをコツコツと継続することです。

生涯非課税枠は1800万円なので、毎月3万円なら50年（600カ月）、同5万円なら30年（360カ月）で、非課税枠がすべて埋まる計算です。

基本的にはiDeCoを含む確定拠出年金と同じ考え方で、投資に回せる手元資金があっても、あえて等金額で、時間をかけ、積み立てを継続します。

確定拠出年金のように、NISA口座内の資金も老後まで手をつける必要がない場合は、前述の「全世界株式インデックスファンド」を機械的に積み立ててもよいでしょう。

ただし、この方法を実践する際は、以下2つの点に留意してください。

1点目は、**投資に回せる手元資金がある場合、それらが長年投資機会を奪われた状態になる**ことです。

また、新NISAでは、保有資産を売却すれば、当初投資した額の非課税枠が翌年に復活しますが、そうした機能も利用しないで積み立てを続けることになるという点も覚えておきましょう。

2点目は、**非課税メリットを享受できる「タイミング」**です。

確定拠出年金は、掛金を拠出している間、所得控除という形で継続的に税優遇を受けられますが、NISAは保有資産を売却しないと非課税メリットが受けられません。確定拠出年金とNISAは似て非なる制度ですので、先述した非課税枠の再利用とあわせて違いを確認しておきましょう。

以上を踏まえると、成長投資枠は、つみたて投資枠の「延長」というよりも、「2階部分」と考え、柔軟な利用方法を検討したほうが、制度の良さを最大限に活かせます。

つみたて投資枠の賢い使い方❷

「積み立てをすればいつ何時も報われる」わけではない

積み立て投資では年月の経過とともに資産が積み上がっていくため、開始当初よりも、終盤期の成績が最終的なリターンに影響を及ぼします。

つまり、**積み立てを止めるタイミングで価格が上昇していないと「報われない」可能性がある**ということです。

以上の事実を踏まえたうえで、積み立て投資に関するクイズに挑戦してみてください。

次ページのAとBの投資信託を毎月一定額積み立てた場合、最終的なリターンが大きいのはどちらになるでしょうか？

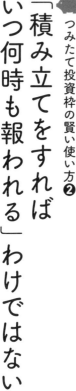

最終的なリターンが大きいのは、どっち？

Ⓐ

積み立て開始以降、右肩上がりで上昇を続け、
基準価額が一度も下落しなかった。

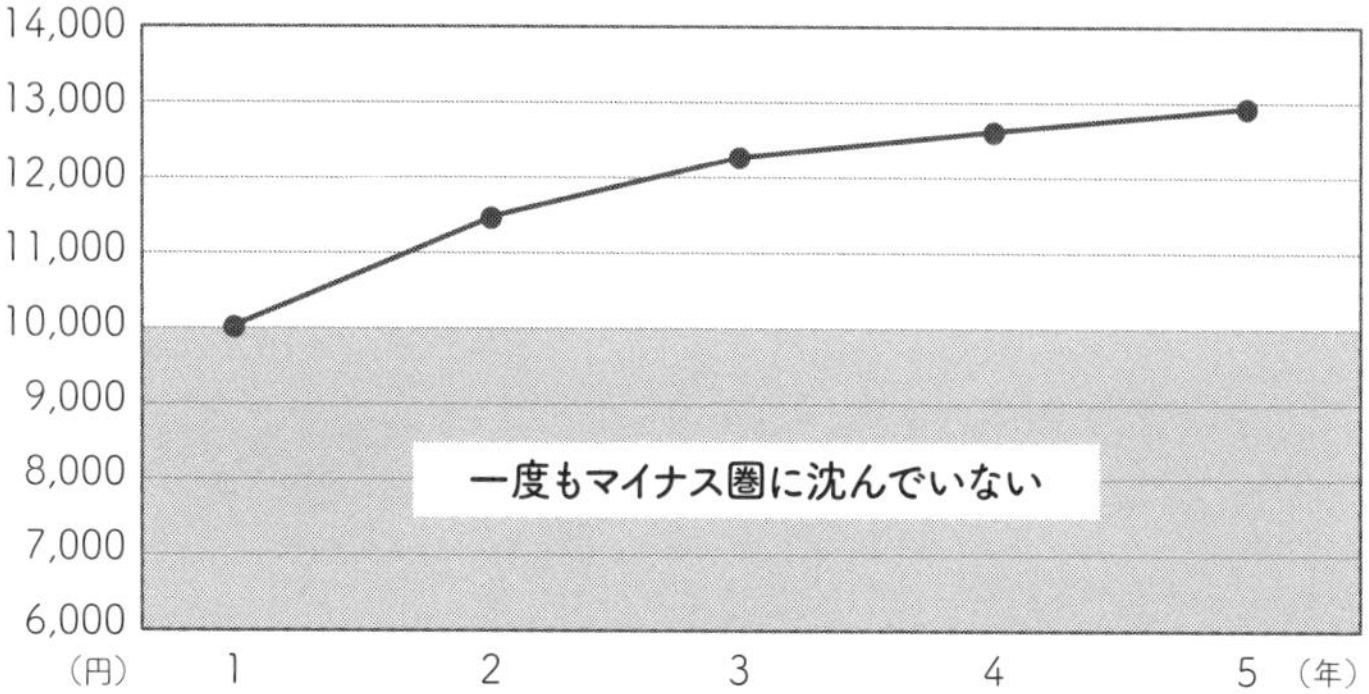

Ⓑ

積み立て開始以降、下落基調が続き、最終的に一度も
開始時の基準価額（1万円）を上回ることはなかった。

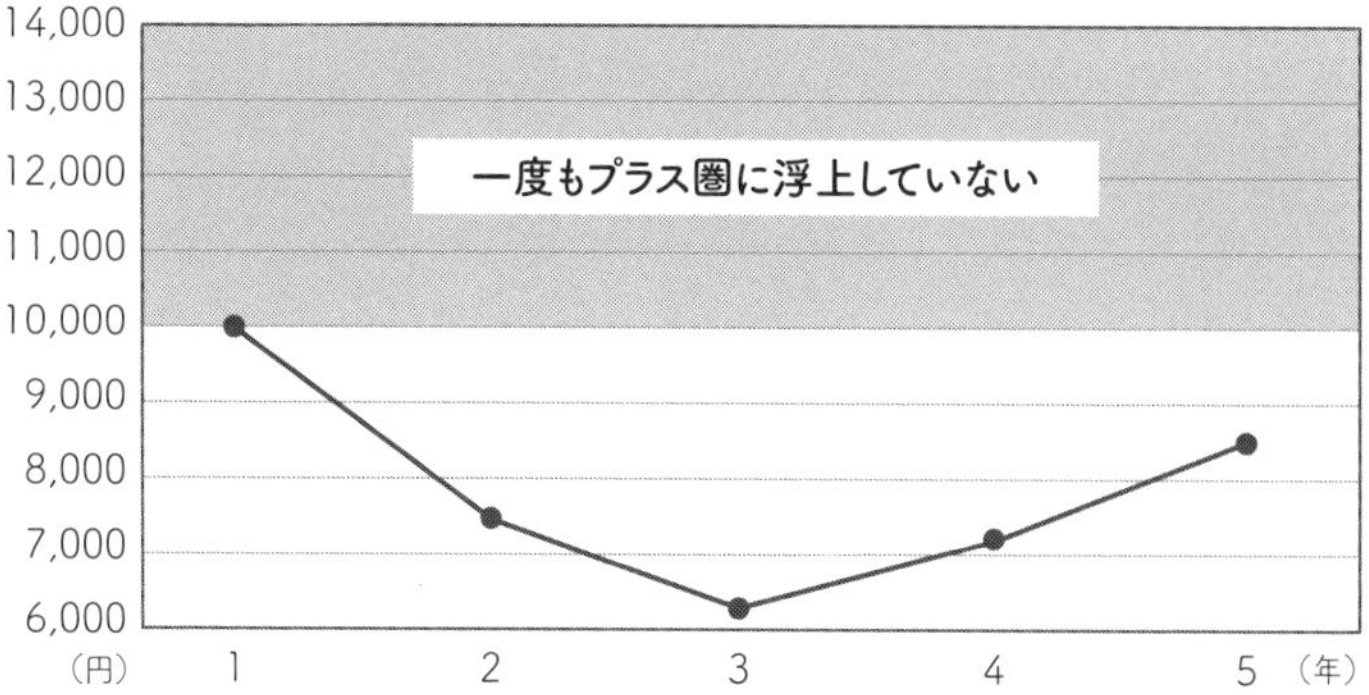

答え：（ほぼ）同じ

細かい計算は割愛しますが、じつは、この2つの投資信託のリターンは、いずれも約10・1％です。1万円から一度もプラス圏に浮上できなかったBが、一度もマイナス圏に陥ることなく、緩やかながらも右肩上がりの上昇を続けたAと最終的に同じリターンに落ち着くというのは、不思議に思えるかもしれません。しかし、これこそが積み立て投資の効果を理解するうえで、最も重要なポイントなのです。

Bは、積み立て開始以降、急落に見舞われ、基準価額が一時6300円まで下落したものの、終盤期に持ち直したことで、最終的なリターンがプラス圏に引き上げられました。下落時もめげずに積み立てを続け、口数を順調に増やしていたことが、終盤期の上昇によって報われた形です。

もし、Bの投資信託が6300円まで下落した後、基準価額が上昇することなく、ほぼ横ばいで推移した場合、リターンは一転マイナスに沈みます（次ページの図参照）。

一方、Aはというと、積み立てを開始してから一度も基準価額が下落せず、開始時の1万円を割ることもありませんでした。Aそのものの成績が極めて良好であることは間

Bの基準価額が6300円まで下落した場合

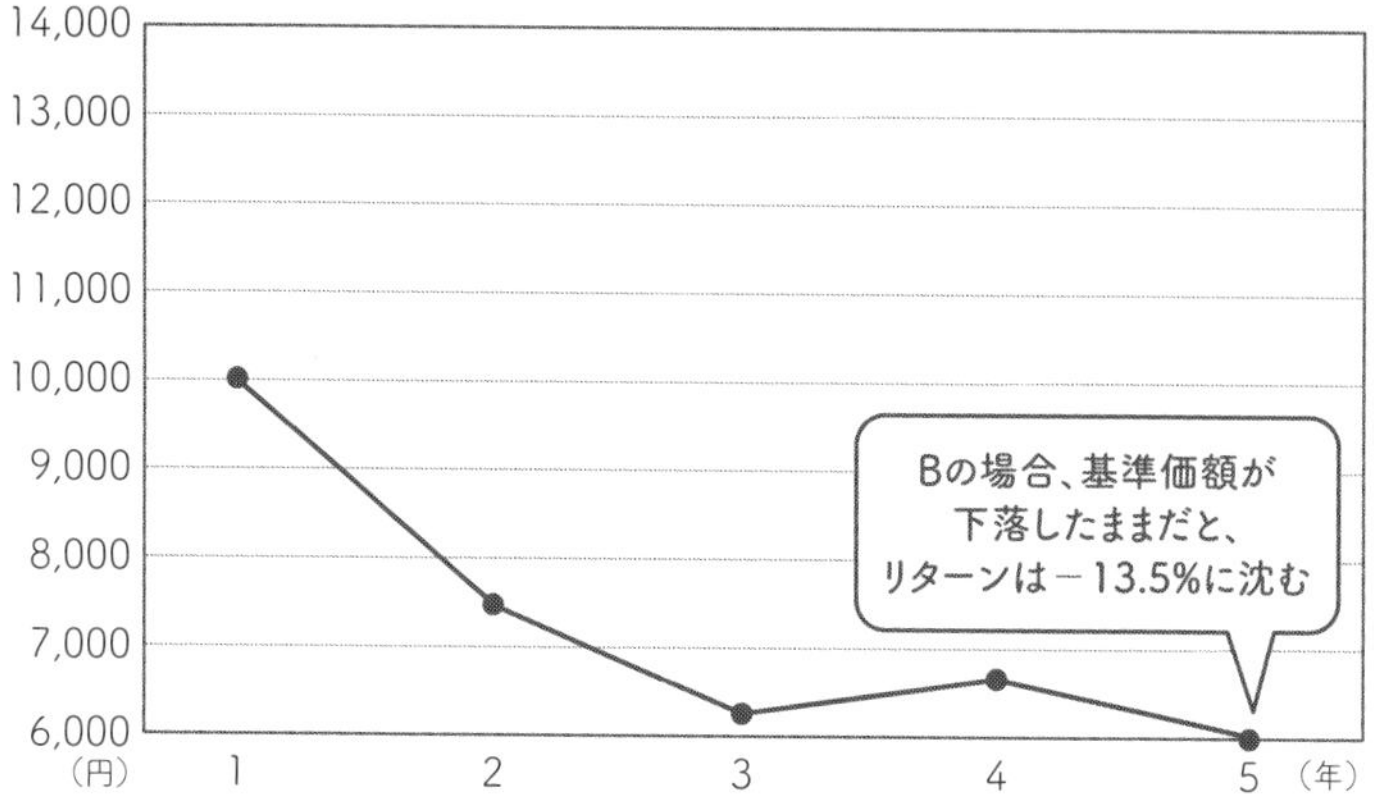

違いありませんが、積み立てをしていた場合、基準価額が上昇すると購入できる口数が減ってしまうのです。

そのため、最終的にBほど口数を増やすことができず、基準価額が上昇しても利益の上昇幅が抑えられてしまいました。

少々極端かもしれませんが、Aのように、向こう数年以内に上がると自信が持てる投資先が思い浮かぶなら、積み立てよりも一括投資を選んだほうが賢明でしょう。

このように、投信積み立てにおいてよりインパクトが大きいのは、積み立て開始当初よりも、終盤期の成績です。

コツコツと積み立てを続けて増やした口数を、積み立ての終盤期に、いかに効果的に最終的なリターンにつなげられるか、という点が、積み立てを成功させる秘けつです。

以上をまとめると、長期の積み立て投資で最も理想的なのは、「当面は苦戦することがあっても、やがて成績が上向き、緩やかに上昇を続ける」ことが期待できる商品になります。

「石の上にも三年（いれば暖まる）」ということわざがありますが、インデックス型なら最低5年、アクティブ型なら最低3年程度は、積み立ての期間として想定しておくことをオススメします。

成長投資枠の賢い使い方❷

保有商品は売却してもかまわない

前述の通り、新ＮＩＳＡでは、保有資産を売却した場合、翌年以降に非課税枠が復活します。

生涯非課税枠は１人あたり１８００万円ですが、実際には、１８００万円以上の非課税枠を利用できるということです。

旧制度にこの仕組みはなかったので、ＮＩＳＡの使い方として「購入したらほったらかしでＯＫ」という投資法を推奨している記事などをよく見かけました。

つみたて投資枠については、引き続き「ほったらかし」を続けることをオススメしますが、成長投資枠のほうはもう少し柔軟に、使い方を工夫してもよいでしょう。

そもそも、必要に応じて保有商品を売却して利益を確定させることは、けっして間違っていませんし、悪いことでもありません。売却した資金を別の商品の投資資金に充てれば、それもまた投資の複利効果といえます。

ポイントは、売却に関して一定の条件とルールを決めておくことです。そうすることで、売却後の資金が行き場を失い、投資の機会損失が生じることを避けられます。

含み益が出ている前提で、保有商品を売却してもよいのは、売却資金の使い道が確定している場合です。

具体的には、次の3つのケースになります。

【ケース❶】投資以外で使う事由が発生した
【ケース❷】次に投資したい商品がある
【ケース❸】リバランスを目的としている

順番に見ていきましょう。

【ケース❶】投資以外で使う事由が発生した

これは最もシンプルな動機です。

資産形成を始める際は、手元資金を最低でも月収の３カ月分から半年分は確保することを推奨しますが、自分の意思とは必ずしも一致しない形での出費を余儀なくされることはあり得ます。

また、若いうちから資産形成に取り組んだ場合、資産形成にかけられる時間を長く取れる反面、まとまったお金が必要になる場面が訪れる可能性も高いといえます。

転居・移住、留学、結婚、起業など、数百万円単位でお金が必要になったときに、これまでコツコツと増やしてきた資金の一部をこうしたライフイベントに充てることは決して悪いことではありません。この場合、売却するのは、必要な額だけにとどめておきましょう。

なお、投資信託、ＥＴＦ、個別株はいずれも、全額だけでなく、部分的に売却することも可能です。

積み立てのように同一銘柄を同じ口座で複数回に分けて購入していた場合、原則として取得（購入）日が古いものから順番に売却されます（これを先入先出法といいます）。

【ケース❷】次に投資したい商品がある

これは、積み立てではなく、おもに一括購入で、アクティブ型の投資信託を購入しているケースを想定しています。特定の業種やテーマに沿った銘柄を組み入れる、「テーマ型」と呼ばれる投資信託が一例です。

こうした投資信託では、市場の潮目が変化するタイミングを見極めて、適宜利益確定することも重要です。

ただし、この場合、利益が出ているからといってすぐに売却するのではなく、その売却益を使って、次にどの投資信託（または他の金融商品）に投資するか、事前に考えておく必要があります。せっかく利益確定をしても、売却益相当分が投資機会を失われたままにならないようにしましょう。

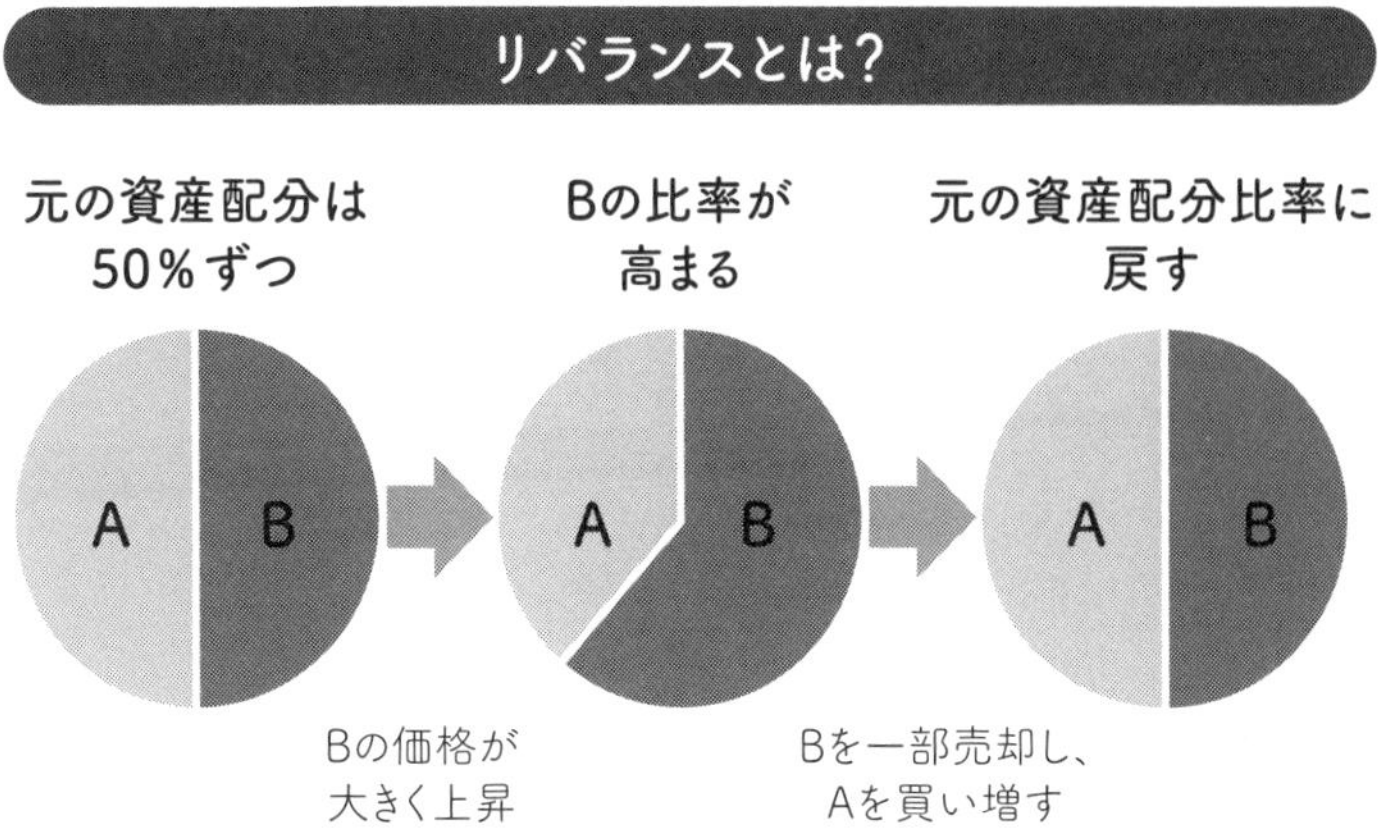

【ケース❸】リバランスを目的としている

最後は、ハードルこそやや高いですが、効果的に資産を増やしていくうえでは欠かせない「リバランス」を目的としているケースです。成長投資枠で個別株投資もしてみたいという方、一定のリスクを取りながらしっかりリターンを積み重ねていきたいと考えている方は、リバランスを適宜行うことをオススメします。

そもそもリバランスとは、相場変動によって変化した資産の配分比率を当初の状態に戻す作業です。

特定の資産（投資信託）が値上がりして

配分比率が高くなると、必然的にその資産のポートフォリオにおける影響力が大きくなります。

影響力が大きくなると、そのファンドが急落した場合、ポートフォリオ全体がダメージを受けることになります。

そこで、上昇した資産を売り、比率の低下した資産を買い増すことで資産配分を元の比率に修正し、同時にポートフォリオ全体のリスクも当初の水準に戻すのです。リバランスという一連の行為に、利益確定の売却が含まれている点が特徴です。

過去数年間の市場環境に照らし合わせて例えるなら、含み益が出ている米国株式を売却して、その売却分で、相対的に割安な水準にある新興国株式や、代替資産の金（ゴールド）を購入（または買い増し）するイメージです。

リバランスを実践するときに重要なのは、「相対的に出遅れている」、または「（価格が）戻り切っていない」資産や地域にも目を向け、勇気を出してこれらの資産を購入することです。米国株や米国株インデックスを追加で購入したくなる気持ちはわかりますが、グッと我慢しましょう。

成長投資枠の賢い使い方❸

「積み立て」ではなく「一括投資」のほうがよい場合

成長投資枠の商品の購入方法は積み立てだけでなく、一括投資も選択することができます。

では、積み立てではなく、あえて一括投資を検討したほうがよいのはどのようなケースでしょうか？

まず、積み立てにこだわりすぎず、一括投資を検討したほうがよい例としては、**退職金や相続によって受け取った資金のような「ある程度まとまった資金」**が挙げられます。

積み立て投資の「大きく損をする可能性を低くする」効果は、「時間分散」によるものです。購入タイミング（＝時間）を複数回に分けて分散することで、購入価格を平均化する効果が期待できます。ただし、例えば数百万円、数千万円の単位の投資資金があった場合、これを10万円などの細かい単位で積み立てるのは賢明ではありません。

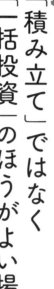

なぜなら、毎月の積み立て額よりも圧倒的に多い金額が、投資機会を奪われた状態になるからです。

1000万円を、毎月10万円で積み立て設定した場合、すべての積み立て設定が完了するまでに、じつに8年4カ月（100カ月）もの年月を要します。毎月の積み立てによって減っていくとはいえ、残金は機会損失を抱えた状態になるのです。

こうした、まとまった資金の運用でオススメしたいのは、**「投資可能資金の6～7割を一括購入に充て、残りの3～4割を、もっと下がったときに追加購入できるよう取っておく」**という方法です。数回に分けて一括購入することで、時間分散効果に期待しながらも、機会損失が大きくなりすぎないようにします。

心理的に、購入のタイミングを自分で判断することにどうしても不安を覚えるという場合は、積み立てを取り入れてもよいでしょう。ただし、その場合も積み立て額を少額にしすぎないように注意してください。繰り返しになりますが、運用に充てられる時間を長く取れたほうが、収益を獲得できる可能性は高まります。

積み立て期間の目安は、最長で2年（24カ月）程度とし、積み立て期間を長期化させないようにしましょう。

まとまった資金の運用法

退職金や相続などの
「まとまった資金」

「積み立て」よりも
「一括投資」が
オススメ！

少額の積み立てにしてしまうと、
残金が大きな機会損失を抱えた状態になってしまう。

「まとまった資金」のオススメの運用法

基準価額が下がったときに投資信託を追加購入できるように取っておく

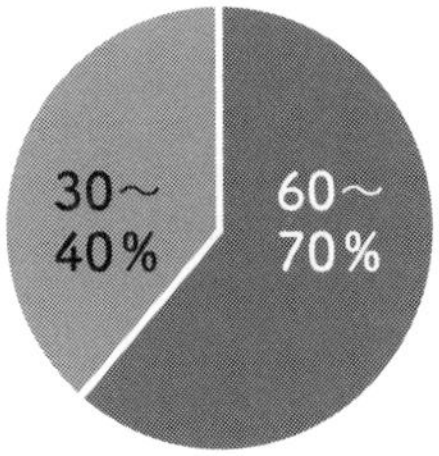

投資信託のスポット購入に充てる

一括購入を数回に分けることで、
時間分散効果が期待できる。

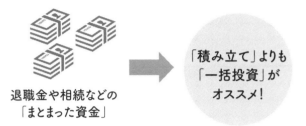

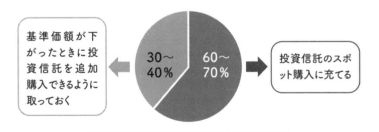

積み立て投資の賢いやり方

積み立ての頻度は多ければ多いほうがよい？

本書では、「積み立て」といえば、月1回の毎月積み立てを前提として説明しましたが、近年は、ネット証券を中心に「毎日積み立て」のサービスも出ています。

株式市場が乱高下を続けるようなことがあると、毎月よりも毎日積み立てたほうが、より時間分散効果が働きそうな気がします。はたして、実際はどうなのでしょうか。

結論から申し上げると、積み立て投資の購入頻度を増やしても、平均買付単価を引き下げる効果は限定的で、最終的なリターンに大きな差は生まれません。

より厳密にいうと、積み立ての頻度と、平均買付単価の引き下げ効果に明確な規則性はありません。これは、積み立て投資における平均買付単価が、一般的な算術平均ではなく、「調和平均」によって算出されることに起因します。

「調和平均」とは、いわゆる「平均」の一種で、往復の平均速度などを算出する際に用います。一般的な算術平均が、対象となるデータ値を足してデータ数で割るのに対し、調和平均は、対象となるデータの逆数を足してデータ数で割り、さらにその逆数を取るという方法で算出されます。

投資信託の基準価額は、「1万口あたりの評価額」なので、平均買付単価を求める際は、算術平均ではなく、この調和平均を使います。

例えば、1万口あたりの基準価額が当月1万円、翌月1万3000円、翌々月1万2000円の投資信託を積み立てた場合、平均買付単価は、いわゆる一般的な算術平均（対象となるデータ値を足してデータ数で割る）の1万1667円ではなく、1万1527円になります。

調和平均には、算術平均よりも値が小さくなるという特徴があるほか、データ数が多くても、そのデータ群の散らばり度合によっては、一定の値に収束するという性質があります。投資信託の基準価額は不規則に変動するため、購入回数を増やしても、平均買付単価にさほど影響が表れないのです。

では、ここで実際に、先進国株式指数への連動を目指すインデックス型の投資信託である「eMAXIS 先進国株式インデックス」を、1年、3年、5年、10年積み立て

「eMAXIS 先進国株式インデックス」を積み立てた場合の平均買付単価

	月次	日次
10年（2014年1月～2023年12月）	27,210円（120回）	27,067円（1,444回）
5年（2019年1月～2023年12月）	35,661円（60回）	35,496円（1,219回）
3年（2021年1月～2023年12月）	43,889円（36回）	44,649円（675回）
1年（2023年1月～2023年12月）	49,869円（12回）	49,417円（246回）

（カッコ内は購入回数）

た場合を想定し、それぞれの基準価額の調和平均を算出してみましょう。調和平均は、エクセルの関数（HARMEAN）でも簡単に計算できます。

1、5、10年に関しては、日次のほうがわずかに低かったものの、3年は月次のほうが低いという結果になりました。

積み立て回数と平均買付単価の引き下げ効果に明確な規則性がないということがわかります。

「毎日積み立て」を選ぶこと自体を否定はしませんが、投資効果に過度な期待をしないほうがよいでしょう。

時間分散は「ほどほど」に。無理のない金額設定で、基本形の「毎月積み立て」をコツコツと続けること。積み立ての頻度を増やすことよりも重要なのは、やはり、どの投資信託を選ぶかということと、その組み合わせ方なのです。

第3章

プロが厳選！オススメの投資信託30本

オススメの「定番インデックス」5本

新NISAで購入できる投資信託は、つみたて投資枠で約300本、成長投資枠で約2000本あります。その中から、「定番インデックス」「グローバル株式」「米国株式」「国内株式」「新興国株式」「バランス型」「その他」という7つのカテゴリーに分けたうえで合計30本を厳選しました。新NISA口座は1つの金融機関でしか開設できないため、2社以上の金融機関で購入できる商品を選んでいます。まずは、長期積み立てと相性がよく、ポートフォリオのコア（中核）に使いやすい「定番のインデックス」5本についてですが、近年、コスト競争の激化により商品点数が増加しています。インデックス型の信託報酬は極限まで下がっているので、小数第3位以下の差をそれほど気にする必要はありません。また、同一のベンチマークを掲げた商品を「類似ファンド」として一部掲載したので参考にしてみてください。

「定番インデックス」オススメリスト

	カテゴリー	商品名	掲載ページ
1	定番インデックス	eMAXIS Slim 全世界株式（オール・カントリー）	P88
2	定番インデックス	eMAXIS Slim 先進国株式インデックス	P90
3	定番インデックス	楽天・全米株式インデックス・ファンド	P92
4	定番インデックス	eMAXIS Slim 米国株式（S&P500）	P94
5	定番インデックス	eMAXIS Slim 国内株式（日経平均）	P96
6	—	—	–
7	—	—	–
8	—	—	–
9	—	—	–

オススメの定番インデックス❶

eMAXIS Slim 全世界株式（オール・カントリー）

米国はもちろん、日本や新興諸国をも投資先に含む、文字通り「全世界」の株式を網羅したインデックス型の商品です。世界中の株式市場に効率よく投資できるため、長期積み立て投資を前提にするなら、「最初の1本」としてもオススメです。

多数存在する「全世界株式」の名を冠するインデックス型の中で、ベンチマークとして最も使われているのが「MSCI オール・カントリー・ワールド・インデックス」です。同指数は、先進国23カ国、新興国24カ国で構成されています。国の数こそ新興国のほうが多いものの、指数全体に占めるウェートは10％程度です。最も高いのは米国で約64％、次いで日本の5・6％です。

このように、「全世界」といえど、米国の存在感が大きいため、「S＆P500」や「全米株式」のインデックス型を追加で保有する必要はありません。

商品の基本情報

カテゴリー	タイプ	つみたて投資枠	成長投資枠
定番インデックス	インデックス連動	○	○

●基本情報

運用会社	三菱UFJアセットマネジメント		
設定日	2018/10/31	純資産残高	26248.2億円
愛称	—	コスト（実質信託報酬）	0.0578%
類似の投資信託	・楽天・オールカントリー株式インデックス・ファンド ・はじめてのNISA・全世界株式インデックス（オール・カントリー） ・Tracers MSCIオール・カントリー・インデックス（全世界株式） ・SBI・全世界株式インデックス・ファンド ・たわらノーロード　全世界株式 ・Smart-i　Select　全世界株式インデックス ・SBI・V・全世界株式インデックス・ファンド ・楽天・全世界株式インデックス・ファンド		

●組み入れ上位銘柄

No.	銘柄	業種	構成比(%)
1	マイクロソフト	テクノロジー	4.0
2	アップル	テクノロジー	3.9
3	エヌビディア	テクノロジー	2.7
4	アマゾン・ドット・コム	一般消費財	2.2
5	メタ・プラットフォームズ	コミュニケーション・サービス	1.5

	3年	5年	10年
年率リターン（%）	19.47	17.40	—
期間リターン（%）	70.52	122.99	—
シャープレシオ	1.11	0.92	—

オススメの定番インデックス❷

eMAXIS Slim 先進国株式インデックス

日本を除く先進国株式の代表的な指数である「MSCIーコクサイ指数」への連動を目指すインデックス型です。「MSCIーオール・カントリー・ワールド・インデックス」の先進国23カ国から日本を除いた22カ国で構成されます。国の構成比を見ると、米国が約75％と圧倒的な存在感を示しています。続いて、英国4・2％、フランス3・5％です。

この商品は、投資対象から日本が除かれているので、地域分散の観点から成長投資枠で日本の個別株投資を検討している人にオススメです。

最近は、「全世界株式（オールカントリー）」から日本だけを除外したタイプのインデックス型の商品もありますが、新興国に個別の投資信託かETFで投資するなら、この商品のほうが使い勝手はよいといえるでしょう。

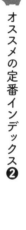

商品の基本情報

カテゴリー	タイプ	つみたて投資枠	成長投資枠
定番インデックス	インデックス連動	○	○

●基本情報

運用会社	三菱UFJアセットマネジメント		
設定日	2017/2/27	純資産残高	6632.52億円
愛称	—	コスト（実質信託報酬）	0.0989％
類似の投資信託	・楽天・先進国株式（除く日本）インデックス・ファンド ・〈購入・換金手数料なし〉ニッセイ外国株式インデックスファンド ・たわらノーロード　先進国株式 ・iFree 外国株式インデックス（為替ヘッジなし） ・つみたて先進国株式 ・NZAM・ベータ　先進国株式 ・Smart-i　先進国株式インデックス		

●組み入れ上位銘柄

No.	銘柄	業種	構成比（％）
1	マイクロソフト	テクノロジー	4.7
2	アップル	テクノロジー	4.7
3	エヌビディア	テクノロジー	3.1
4	アマゾン・ドット・コム	一般消費財	2.6
5	メタ・プラットフォームズ	コミュニケーション・サービス	1.8

	3年	5年	10年
年率リターン（％）	22.25	19.14	—
期間リターン（％）	82.72	140.03	—
シャープレシオ	1.19	0.96	—

オススメの定番インデックス❸

楽天・全米株式インデックス・ファンド

米国株式市場で投資できる銘柄のほぼ１００％に実質的に投資できるインデックス型です。誰もが知る大型株だけでなく、成長過程の中小型株も含まれている点がポイントです。

投資の原理原則に従えば、広範囲に分散されていたほうがインデックス型はリスクを抑えられるので、米国株式の最初の１本に選ぶならこの商品をオススメします。

ただし、すでに「Ｓ＆Ｐ５００指数」のインデックス型を保有している場合、組み入れ銘柄の大部分が重複するため、追加でこの商品を取り入れる必要はありません。

「全世界株式」や「Ｓ＆Ｐ５００」と同様、「全米株式」も類似のインデックス型がいくつか存在しますが、その中のどれか１本を選べば問題ありません。

商品の基本情報

カテゴリー	タイプ	つみたて投資枠	成長投資枠
定番インデックス	インデックス連動	○	○

●基本情報

運用会社	楽天投信投資顧問		
設定日	2017/9/29	純資産残高	13753.69億円
愛称	楽天・VTI	コスト（実質信託報酬）	0.162%
類似の投資信託	・eMAXIS Slim 全米株式 ・SBI・V・全米株式インデックス・ファンド		

●組み入れ上位銘柄（2024年1月末時点）

No.	銘柄	業種	構成比（%）
1	マイクロソフト	テクノロジー	6.3
2	アップル	テクノロジー	5.8
3	エヌビディア	テクノロジー	3.1
4	アマゾン・ドット・コム	一般消費財	3.1
5	メタ・プラットフォームズ	コミュニケーション・サービス	1.8

	3年	5年	10年
年率リターン（%）	22.46	20.40	—
期間リターン（%）	83.64	152.96	—
シャープレシオ	1.12	0.99	—

オススメの定番インデックス❹

eMAXIS Slim 米国株式（S&P500）

米国株式市場の代表的な指数である「S&P500指数」への連動を目指すインデックス型です。同指数は、米国企業のうち流動性がある大型株500銘柄の時価総額を利用して算出されます。そのため、時価総額の大きい、いわゆる大型株の影響を受けやすいという特徴があります。近年は、特にアップルやマイクロソフトに代表される巨大ハイテク企業に加え、エヌビディアなどの半導体関連企業の株式時価総額が急拡大していることから、これら企業の株価動向とS&P500指数の動きが密接にリンクしています。

「全世界株式」や「全米株式」と同様、S&P500指数連動型についても、類似のインデックス型の商品が複数存在しますが、どれか1本を選べば問題ありません。

商品の基本情報

カテゴリー	タイプ	つみたて投資枠	成長投資枠
定番インデックス	インデックス連動	○	○

●基本情報

運用会社	三菱UFJアセットマネジメント		
設定日	2018/7/3	純資産残高	37975.42億円
愛称	—	コスト（実質信託報酬）	0.0937%
類似の投資信託	・つみたてiシェアーズ　米国株式（S&P500）インデックス・ファンド ・楽天・S&P500インデックス・ファンド ・はじめてのNISA・米国株式インデックス（S&P500） ・たわらノーロード　S&P500 ・iシェアーズ　米国株式（S&P500）インデックス・ファンド ・SBI・V・S&P500インデックス・ファンド ・iFree S&P500インデックス ・NZAM・ベータ　S&P500 ・Smart-i　S&P500インデックス		

●組み入れ上位銘柄

No.	銘柄	業種	構成比（%）
1	マイクロソフト	テクノロジー	6.9
2	アップル	テクノロジー	6.1
3	エヌビディア	テクノロジー	4.4
4	アマゾン・ドット・コム	一般消費財	3.6
5	メタ・プラットフォームズ	コミュニケーション・サービス	2.5

	3年	5年	10年
年率リターン（%）	24.94	21.44	—
期間リターン（%）	95.05	164.09	—
シャープレシオ	1.27	1.05	—

オススメの定番インデックス❺

eMAXIS Slim 国内株式（日経平均）

配当込みの日経平均株価（日経225）の値動きを示す、「日経平均トータルリターン・インデックス」への連動を目指すインデックス型です。日経平均株価は、東京証券取引所プライム市場の上場銘柄のうち、日本経済新聞社によって選定された代表的な225銘柄の株価を平均して算出される指数です。

「株価の平均」のため、値動きの幅が大きい、株価の高い銘柄（値がさ株）の影響を受けやすいという点に特徴があります。

日本株のアクティブ型のベンチマークの多くに、TOPIX（東証株価指数）が使われていますが、日本株投資の第一歩として、また、値がさ株に効率よく投資できる方法として、日経平均株価連動型のインデックス型を活用するのもよいでしょう。

商品の基本情報

カテゴリー	タイプ	つみたて投資枠	成長投資枠
定番インデックス	インデックス連動	○	○

●基本情報

運用会社	三菱UFJアセットマネジメント		
設定日	2017/10/2	純資産残高	708.37億円
愛称	—	コスト（実質信託報酬）	0.143%
類似の投資信託	・SBI・iシェアーズ・日経225インデックス・ファンド ・はじめてのNISA・日本株式インデックス（日経225） ・＜購入・換金手数料なし＞ニッセイ日経平均インデックスファンド ・たわらノーロード　日経225 ・iFree 日経225インデックス ・My　SMT　日経225インデックス（ノーロード） ・NZAM・ベータ　日経225 ・野村つみたて日本株投信 ・Smart-i　日経225インデックス		

●組み入れ上位銘柄

No.	銘柄	業種	構成比（%）
1	ファーストリテイリング	小売業	11.0
2	東京エレクトロン	電気機器	9.4
3	アドバンテスト	電気機器	4.7
4	ソフトバンクグループ	情報・通信	4.5
5	信越化学工業	化学	2.7

	3年	5年	10年
年率リターン（%）	12.58	14.94	—
期間リターン（%）	42.68	100.64	—
シャープレシオ	0.76	0.81	—

オススメの「グローバル株式」2本と「米国株式」6本

ここからは、成長投資枠でも購入可能なアクティブ型の商品を中心に紹介します。「グローバル株式」と「米国株式」は、いずれも資産形成の中心になる資産ですが、総じて、「アクティブ型が（インデックス型に）勝ちにくい」カテゴリーでもあります。そうした市場特性を鑑みてもなお、長期にわたり安定した成績をおさめているアクティブ型の商品を選定しました。

なお、「米国株式」については、ポートフォリオのサテライト（衛星）として使いやすいインデックス型も3本選定しました。この3本は、いずれも分散投資の観点からコア（中核）の「定番インデックス」に追加したり、より積極的なリターンを追求したりするのに使い勝手のよい商品といえます。

「グローバル株式」「米国株式」オススメリスト

	カテゴリー	商品名	掲載ページ
1	グローバル株式	インベスコ　世界厳選株式オープン＜為替ヘッジなし＞（年1回決算型）	P100
2	グローバル株式	グローバル・バリュー・オープン	P102
3	米国株式	農林中金＜パートナーズ＞長期厳選投資　おおぶね	P104
4	米国株式	アライアンス・バーンスタイン・米国成長株投信Bコース（為替ヘッジなし）	P106
5	米国株式	米国製造業株式ファンド	P108
6	米国株式	楽天・米国高配当株式インデックス・ファンド	P110
7	米国株式	野村インデックスファンド・米国株式配当貴族	p112
8	米国株式	iFreeNEXT NASDAQ100インデックス	P114
9	—	—	—

オススメのグローバル株式❶

インベスコ 世界厳選株式オープン〈為替ヘッジなし〉（年1回決算型）

日本を含む世界各国（新興国を除く）の株式の中から、独自の視点で「ベスト」と思われる銘柄を選定・投資しています。具体的には、割安性と成長性に加え、質の高い配当が期待できるかなどを考慮に入れます。実際の組み入れ銘柄を見てみると、米国が約50%、英国が約16%と、この2カ国で全体の7割前後を占めています。業種別では、金融、資本財・サービス、情報技術の割合が高い傾向にあるものの、特定の業種に極端に偏ることはなく、また、他のグローバル株式の商品とは一線を画す、独自性の強い銘柄ラインナップにより、安定した成績をおさめてきました。「アライアンス・バーンスタイン・米国成長株」と同様、この商品も、決算（分配）回数別に複数の商品が展開されています。定期的なキャッシュフローのニーズがない限りは、年1回決算のこの商品をオススメします。

商品の基本情報

カテゴリー	タイプ	つみたて投資枠	成長投資枠
グローバル株式	アクティブ	―	○

●基本情報

運用会社	インベスコ・アセット・マネジメント		
設定日	2018/10/5	純資産残高	872.46億円
愛称	世界のベスト	コスト（実質信託報酬）	1.9030%
類似の投資信託	・インベスコ　世界厳選株式オープン<為替ヘッジあり>（年1回決算型） ・インベスコ　世界厳選株式オープン<為替ヘッジなし>（奇数月決算型） ・インベスコ　世界厳選株式オープン<為替ヘッジあり>（奇数月決算型）		

●組み入れ上位銘柄

No.	銘柄	業種	構成比（%）
1	3iグループ	金融	5.9
2	マイクロソフト	テクノロジー	4.8
3	ユニオン・パシフィック	資本財	4.3
4	ユナイテッドヘルス・グループ	ヘルスケア	4.1
5	ブロードコム	テクノロジー	3.9

	3年	5年	10年
年率リターン（%）	23.91	15.15	―
期間リターン（%）	90.25	102.49	―
シャープレシオ	1.25	0.74	―

オススメのグローバル株式❷

グローバル・バリュー・オープン

バリュー銘柄とは、国内外の株式のうち、資産価値等から算出される企業の投資価値と収益力を比べ、株価が割安と判断された銘柄のことです。この商品は、そのようなバリュー銘柄を選定し、投資していることが特徴です。さらに、単に株価が割安か否かだけでなく、割安性の判断材料として配当利回り（配当÷株価）を重視するほか、収益性についてはROE（株主資本利益率）も考慮し、ポートフォリオを構築しています。

実際の組み入れ上位銘柄を見てみると、配当利回りは低くても、成長性の期待が高いグロース銘柄も一部採用されており、結果として、中長期にわたって安定したリターンを積み重ねています。なお、この商品には、為替の適時ヘッジ機能がついています。円高が急速に進行すると思われる場面では、機動的にヘッジを行い、円高進行によるマイナスの影響を回避するように設計されています。

商品の基本情報

カテゴリー	タイプ	つみたて投資枠	成長投資枠
グローバル株式	アクティブ	—	○

●基本情報

運用会社	野村アセットマネジメント		
設定日	1996/11/29	純資産残高	166.58億円
愛称	—	コスト（実質信託報酬）	1.6720%
類似の投資信託	—		

●組み入れ上位銘柄

No.	銘柄	業種	構成比（%）
1	マイクロソフト	テクノロジー	4.6
2	アップル	テクノロジー	4.0
3	ジョンソン・エンド・ジョンソン	ヘルスケア	2.6
4	台湾セミコンダクター	テクノロジー	2.6
5	マスターカード	金融	2.5

	3年	5年	10年
年率リターン（%）	19.48	16.74	13.02
期間リターン（%）	70.54	116.78	240.20
シャープレシオ	1.20	0.95	0.79

オススメの米国株式❶

農林中金〈パートナーズ〉長期厳選投資　おおぶね

米国企業の中でも、①付加価値の高い産業、②圧倒的な競争優位性、③長期的な潮流の3つの条件を満たす、「構造的に強靭な企業」を厳選して投資します。海外株式の中でも、米国は、アクティブ型が超過収益を獲得し続けることが極めて難しい市場です。というのも、世界中の投資家が参加する米国の株式市場では、株価を形成する様々な情報が大きなタイムラグなく瞬時に株価に反映されるためです。

この商品は、実際に投資先企業を訪問したり、必要に応じて対話を重ねたりすることで、長期で保有できるひと握りの優良企業を30社程度まで厳選しています。こうした入念な銘柄選定により、下落に強く、安定したリターンを獲得できています。

さらに、購入方法を積み立てに限定していることからもおわかりの通り、長期目線で運用を行っている点もこの商品の大きな特徴です。

商品の基本情報

カテゴリー	タイプ	つみたて投資枠	成長投資枠
米国株式	アクティブ	○	○

●基本情報

運用会社	農林中金全共連アセットマネジメント		
設定日	2017/7/5	純資産残高	493.61億円
愛称	—	コスト（実質信託報酬）	0.9900%
類似の投資信託	—		

●組み入れ上位銘柄

No.	銘柄	業種	構成比（%）
1	コストコ・ホールセール	生活必需品	7.1
2	アンフェノール	テクノロジー	6.3
3	テキサス・インスツルメンツ	テクノロジー	6.1
4	ビザ	金融	5.4
5	S&Pグローバル	金融	5.2

	3年	5年	10年
年率リターン（%）	17.98	16.89	—
期間リターン（%）	64.21	118.26	—
シャープレシオ	1.02	0.98	—

オススメの米国株式❷

アライアンス・バーンスタイン・米国成長株投信Bコース（為替ヘッジなし）

米国株式の中でも、持続的な利益成長の可能性が高いと判断される企業を選定・投資するアクティブ型です。組み入れ銘柄数を50前後で維持し、ベンチマークであるS&P500指数を安定的に上回る成績を収めてきました。なお、この商品は、為替ヘッジの有無と決算回数（分配頻度）別にAコースからEコースまで、計5本が同一シリーズとして展開されています。純資産残高は、毎月分配型のDコース（新NISA対象外）が最も大きいですが、商品の「中身」自体はどれも同じです。新NISAの成長投資枠で取り入れるなら、決算回数の少ないBコースをオススメします。定期的なキャッシュフローのニーズがある場合、隔月決算型（偶数月のみ決算と分配を行う）のEコースも選択できます。ただし、決算回数の少ない商品のほうが、長期的なリターンは高くなります。

商品の基本情報

カテゴリー	タイプ	つみたて投資枠	成長投資枠
米国株式	アクティブ	―	○

●基本情報

運用会社	アライアンス・バーンスタイン		
設定日	2006/5/25	純資産残高	11246.89億円
愛称	―	コスト（実質信託報酬）	1.7270%
類似の投資信託	・アライアンス・バーンスタイン・米国成長株投信Aコース（為替ヘッジあり） ・アライアンス・バーンスタイン・米国成長株投信Eコース隔月決算型（為替ヘッジなし）予想分配金提示型		

●組み入れ上位銘柄

No.	銘柄	業種	構成比(%)
1	マイクロソフト	テクノロジー	8.8
2	エヌビディア	テクノロジー	6.7
3	アマゾン・ドット・コム	一般消費財	6.4
4	メタ・プラットフォームズ	コミュニケーション・サービス	5.5
5	ビザ	金融	4.6

	3年	5年	10年
年率リターン（%）	24.13	22.91	19.07
期間リターン（%）	91.28	180.55	472.60
シャープレシオ	1.11	1.09	0.99

オススメの米国株式❸

米国製造業株式ファンド

世界経済をけん引する米国を代表する製造業株式に厳選投資するアクティブ型です。

この商品の名称にもあるように、高い技術力を持つ製造業株式に特化しつつ、「機動的な業種配分」で安定的な成果を目指す点に特徴があります。

足元では、「ヘルスケア」、「資本財・サービス」、「情報技術」の3業種を中心にポートフォリオを構築しています。他の米国株式の投資信託と比較すると、上位構成銘柄は馴染みの薄い企業が多いかもしれません。ただ、長期的にS&P500指数のインデックス型を上回る実績を残している、希少な投資信託です。

米国株式に集中的に投資したい場合は、「定番インデックス」にこの商品を加えても一定の分散効果が期待できるでしょう。

商品の基本情報

カテゴリー	タイプ	つみたて投資枠	成長投資枠
米国株式	アクティブ	—	○

●基本情報

運用会社	BNYメロン・インベストメント・マネジメント・ジャパン		
設定日	2012/5/31	純資産残高	109.64億円
愛称	USルネサンス	コスト（実質信託報酬）	1.8700%
類似の投資信託	—		

●組み入れ上位銘柄（2024年1月末時点）

No.	銘柄	業種	構成比（%）
1	ダナハー	資本財	5.4
2	イルミナ	ヘルスケア	5.3
3	インガソール・ランド	資本財	5.2
4	アメテック	ヘルスケア	5.0
5	キャリア・グローバル	ヘルスケア	4.0

	3年	5年	10年
年率リターン（%）	23.30	22.18	16.54
期間リターン（%）	87.43	172.29	362.03
シャープレシオ	1.13	1.04	0.84

楽天・米国高配当株式インデックス・ファンド

米国の高配当利回り銘柄の値動きを表す、「FTSEハイディビデンド・イールド・インデックス」への連動を目指すインデックス型です。

同指数は、米国市場における、リートを除く高配当利回り銘柄約450銘柄で構成される、時価総額加重平均型の株価指数です。連続増配銘柄で構成される「配当貴族指数」と重複する銘柄も含まれています。過去の実績を確認すると、「配当貴族指数」のほうが株式市場の下落が起きたときの下値抵抗力が強い一方、「ハイディビデンド・イールド・インデックス」のほうが、株価の上昇局面に強いという特徴があります。

成長株の影響力が大きい「S&P500指数」や「全米株式インデックス」と併せ持つことで、リスク分散効果も図れます。

商品の基本情報

カテゴリー	タイプ	つみたて投資枠	成長投資枠
米国株式	インデックス連動	○	○

●基本情報

運用会社	楽天投信投資顧問		
設定日	2018/1/10	純資産残高	161.87億円
愛称	楽天・VYM	コスト（実質信託報酬）	0.1920%
類似の投資信託	・SBI・V・米国高配当株式インデックス・ファンド		

●組み入れ上位銘柄

No.	銘柄	業種	構成比（%）
1	ブロードコム	テクノロジー	3.6
2	JPモルガン・チェース	金融	3.5
3	エクソン・モービル	エネルギー	2.9
4	ジョンソン・エンド・ジョンソン	ヘルスケア	2.7
5	プロクター・アンド・ギャンブル	生活必需品	2.6

	3年	5年	10年
年率リターン（%）	22.21	15.78	—
期間リターン（%）	82.53	108.01	—
シャープレシオ	1.21	0.84	—

オススメの米国株式❺

野村インデックスファンド・米国株式配当貴族

「配当貴族指数」というインデックスに連動した投資成果を目指す米国株式のインデックス型です。「配当貴族指数」とは、S&P500種指数のうち、過去25年以上にわたり毎年連続で配当を増やし続けてきた企業で構成された指数です。日本の投資家にも馴染みの深い、コカ・コーラ、ジョンソン・エンド・ジョンソン、マクドナルド、プロクター&ギャンブル（P&G）など、67銘柄で構成されています。

いわゆる高配当企業ではなく、25年という長期にわたり毎年配当を増額している企業は、高いブランド力を誇ることに加え、財務面の安定性にも強みがあります。その結果、景気拡大期こそ派手な値動きを期待しにくい代わりに、景気低迷期で底堅いリターンを期待できます。ハイテク株をはじめとする、成長株の影響力が大きい「S&P500指数」や「全米株式インデックス」と併せ持つことで、リスク分散効果も図れます。

商品の基本情報

カテゴリー	タイプ	つみたて投資枠	成長投資枠
米国株式	インデックス連動	○	○

●基本情報

運用会社	野村アセットマネジメント		
設定日	2017/1/10	純資産残高	638.09億円
愛称	Funds-iフォーカス 米国株式配当貴族	コスト （実質信託報酬）	0.5500%
類似の投資信託	・Tracers S&P500配当貴族インデックス（米国株式） ・米国株式配当貴族（年4回決算型） ・SMT米国株配当貴族インデックス・オープン		

●組み入れ上位銘柄

No.	銘柄	業種	構成比（%）
1	エコラボ	素材	1.6
2	ロウズ・カンパニーズ	一般消費財	1.6
3	キャタピラー	資本財	1.6
4	リンデ	素材	1.6
5	W.W. グレインジャー	資本財	1.6

	3年	5年	10年
年率リターン（%）	20.93	16.49	—
期間リターン（%）	76.86	114.46	—
シャープレシオ	1.13	0.87	—

オススメの米国株式❻

iFreeNEXT NASDAQ100インデックス

米国の「NASDAQ100指数」に連動した投資成果を目指すインデックス型です。NASDAQ100指数とは、米国のナスダック市場に上場する銘柄のうち、金融以外のセクターで流動性が高く、時価総額の大きい上位100銘柄で構成される指数です。

アップル、マイクロソフト、アマゾンなどの巨大ハイテク企業が上位構成銘柄に名を連ねています。一見、S&P500指数と似ていますが、S&P500指数は「四半期連続で黒字維持」という採用条件に対し、NASDAQ100指数にこうした基準はありません。赤字企業でも、資本やキャッシュフローの基準を満たせば指数に採用されるため、指数自体のリスクは大きいといえます。リスクを取れる人の場合、S&P500指数の代わりに取り入れてもよいでしょう。あるいは、「米国高配当株式」や「米国配当貴族」と併せ持つことで、分散効果を図ることもできます。

商品の基本情報

カテゴリー	タイプ	つみたて投資枠	成長投資枠
米国株式	インデックス連動	○	○

●基本情報

運用会社	大和アセットマネジメント		
設定日	2018/8/31	純資産残高	1013.09億円
愛称	—	コスト（実質信託報酬）	0.4950%
類似の投資信託	・PayPay投信 NASDAQ100インデックス ・＜購入・換金手数料なし＞ニッセイNASDAQ100インデックスファンド ・SBI・インベスコQQQ・NASDAQ100インデックス・ファンド ・eMAXIS　NASDAQ100インデックス ・NZAM・ベータ　NASDAQ100 ・インデックスファンドNASDAQ100（アメリカ株式）		

●組み入れ上位銘柄

No.	銘柄	業種	構成比（%）
1	INVESCO QQQ TRUST SERIES 1	—	7.9
2	マイクロソフト	テクノロジー	7.7
3	アップル	テクノロジー	7.2
4	エヌビディア	テクノロジー	4.9
5	アマゾン・ドット・コム	一般消費財	4.6

	3年	5年	10年
年率リターン（%）	25.71	27.98	—
期間リターン（%）	98.68	243.39	—
シャープレシオ	1.10	1.18	—

オススメの「国内株式」8本

「国内株式」は、「グローバル株式」や「米国株式」と比べると残念ながら存在感がやや薄い商品ですが、近年の好成績には目を見張るものがあります。また、積み立てとの相性がよいのも、値動きの幅がある「国内株式」の特徴です。「オールカントリー」の組み入れ比率が低いながらも、インデックス型を恒常的に上回る優良なアクティブ型の商品が多いカテゴリーでもあります。そのため、本書ではできるだけタイプの異なるアクティブ型を選定しました。選定した計8本の中から複数本を組み合わせて保有しても不協和音が起きないよう、投資哲学に特徴のある商品を選んでいます。

「国内株式」オススメリスト

	カテゴリー	商品名	掲載ページ
1	国内株式	One国内株オープン	P118
2	国内株式	年金積立 Jグロース	P120
3	国内株式	大和住銀DC国内株式ファンド	P122
4	国内株式	日経平均高配当利回り株ファンド	P124
5	国内株式	コモンズ30ファンド	P126
6	国内株式	好配当日本株式 オープン	p128
7	国内株式	情報エレクトロニクスファンド	P130
8	国内株式	小型ブルーチップオープン	P132
9	—	—	–

オススメの国内株式❶

One国内株オープン

「自由演技」という愛称の通り、市場環境に応じて、時価総額の大きい大型株だけでなく、成長途中の小型成長株なども柔軟に組み入れる点に特徴を持つ、日本株のアクティブ型です。例えば、株式市場全体が右肩上がりの好況期は景気に敏感な大型株中心で運用を行い、反対に、株式市場の調整局面では底堅さを発揮する小型成長株の組み入れ比率を高めるなどの調整を行います。その結果、10年以上にわたり、ベンチマークである東証株価指数（TOPIX）を恒常的に上回る良好な成績を収めています。

日本株のみを投資対象にしている商品のため、直接的な為替リスクはないものの、今回紹介している日本株の投資信託の中では相対的に値動きが大きい傾向にあります。コツコツと積み立て投資をしたい人や、いずれ個別株投資に挑戦してみたい人は、銘柄選びの参考にしてもよいでしょう。

商品の基本情報

カテゴリー	タイプ	つみたて投資枠	成長投資枠
国内株式	アクティブ	—	○

●基本情報

運用会社	アセットマネジメントOne		
設定日	2000/8/30	純資産残高	636.87億円
愛称	自由演技	コスト（実質信託報酬）	1.7600%
類似の投資信託	・One国内株オープン（年2回決算型）		

●組み入れ上位銘柄

No.	銘柄	業種	構成比（%）
1	トヨタ自動車	輸送用機器	4.4
2	三菱UFJフィナンシャル・グループ	銀行業	2.7
3	ソニーグループ	電気機器	2.6
4	東京エレクトロン	電気機器	2.6
5	三井住友フィナンシャルグループ	銀行業	1.9

	3年	5年	10年
年率リターン（%）	14.79	15.11	15.17
期間リターン（%）	51.26	102.08	310.65
シャープレシオ	0.91	0.85	0.86

オススメの国内株式❷

年金積立Ｊグロース

日本株の中でも、今後の成長が期待できる企業、自己資本利益率が高い企業、株主への利益還元が期待できる企業を徹底的に調査・選定し、投資を行います。

ベンチマークはＴＯＰＩＸ（東証株価指数）で、同指数に占める各業種と個別銘柄の構成比率を調整する形で、最終的にＴＯＰＩＸの動きを上回る投資成果の獲得を目指します。組み入れ銘柄は１００以上で、個人投資家にもなじみの深い大企業が中心です。

上場から日が浅い新興市場銘柄や、株式時価総額の規模が小さい中小型株は基本的に組み入れ対象にしていないため、銘柄にあまり意外性はないかもしれません。

しかし、堅実な運用の結果、20年以上にわたり恒常的にベンチマーク（ＴＯＰＩＸ）を上回る運用成績を収めてきた点は評価に値します。長期投資家は安心して保有できるでしょうし、投資初心者も挑戦しやすい商品といえます。

商品の基本情報

カテゴリー	タイプ	つみたて投資枠	成長投資枠
国内株式	アクティブ	○	○

●基本情報

運用会社	日興アセットマネジメント		
設定日	2001/10/31	純資産残高	860.83億円
愛称	つみたてJグロース	コスト（実質信託報酬）	0.9020%
類似の投資信託	—		

●組み入れ上位銘柄

No.	銘柄	業種	構成比（%）
1	ソニーグループ	電気機器	3.6
2	トヨタ自動車	輸送用機器	3.2
3	東京エレクトロン	電気機器	3.0
4	三菱商事	卸売業	2.9
5	信越化学工業	化学	2.9

	3年	5年	10年
年率リターン（%）	12.45	14.18	12.02
期間リターン（%）	42.18	94.07	211.26
シャープレシオ	0.78	0.83	0.72

オススメの国内株式❸

大和住銀DC国内株式ファンド

国内株式の中でも、割安に放置されている銘柄（バリュー株）に着目し、収益性や成長性も考慮に入れ、銘柄を選定するアクティブ型の投資信託です。

一般的に、バリュー株は景気拡大局面で華々しい上昇を期待しにくい反面、景気後退局面や、株式市場全体が不安定なときには底堅さを発揮します。そのため、ポートフォリオの一部に組み入れておくと、運用資産全体の「緩衝材」としての機能が期待できます。海外株式のインデックス型はもちろん、他の日本株ファンドと組み合わせてもよいでしょう。

他の日本株アクティブ型と同様、この商品も、東証株価指数（TOPIX）をベンチマークに掲げており、2006年の運用開始以来、安定して同指数を上回るリターンを獲得しています。

商品の基本情報

カテゴリー	タイプ	つみたて投資枠	成長投資枠
国内株式	アクティブ	○	—

●基本情報

運用会社	三井住友DSアセットマネジメント		
設定日	2006/10/23	純資産残高	567.04億円
愛称	—	コスト（実質信託報酬）	1.0450%
類似の投資信託	—		

●組み入れ上位銘柄

No.	銘柄	業種	構成比（%）
1	三菱UFJフィナンシャル・グループ	銀行業	7.5
2	トヨタ自動車	輸送用機器	5.3
3	ソフトバンクグループ	情報・通信	4.5
4	日本電信電話	情報・通信	4.3
5	TDK	電気機器	3.9

	3年	5年	10年
年率リターン（%）	22.89	18.38	12.53
期間リターン（%）	85.59	132.44	225.48
シャープレシオ	1.34	1.03	0.75

オススメの国内株式❹

日経平均高配当利回り株ファンド

高配当株とは、配当利回り（1株当たり配当金÷株価）の高い株式を指します。

この商品は、日経平均株価採用銘柄の中から、予想配当利回りの上位30銘柄に投資しています。その結果、組み入れ30銘柄の予想配当利回りは3・7%と、日経平均全体の1・6%よりも高水準に保たれている点が特徴です。

一般的に、高配当を実践している企業は、収益基盤や財務状況が安定していることから、株式市場全体が悪化してもその影響を受けにくいとされています。一方、成長株や新興企業と比べると株価の上昇余地は抑えられています。個別株を保有して安定的に配当を受け取る方法もありますが、分散投資の1パーツとして、投資信託を通じて効率よく投資するのも手でしょう。

商品の基本情報

カテゴリー	タイプ	つみたて投資枠	成長投資枠
国内株式	アクティブ	○	○

●基本情報

運用会社	三菱UFJアセットマネジメント		
設定日	2018/11/9	純資産残高	827.52億円
愛称	—	コスト（実質信託報酬）	0.6930%
類似の投資信託	—		

●組み入れ上位銘柄

No.	銘柄	業種	構成比（%）
1	三井住友フィナンシャルグループ	銀行業	6.3
2	本田技研工業	輸送用機器	6.3
3	みずほフィナンシャルグループ	銀行業	5.9
4	神戸製鋼所	鉄鋼	5.9
5	商船三井	海運業	5.8

	3年	5年	10年
年率リターン（%）	32.22	18.10	—
期間リターン（%）	131.15	129.70	—
シャープレシオ	1.88	1.02	—

オススメの国内株式❺

コモンズ30ファンド

外部環境に強く、長期で安定した成長を続ける日本の企業に投資するアクティブ型の商品です。ベンチマークを設けず、30銘柄程度を厳選し、各企業との対話を通じて30年目線の長期投資を行っています。短期的な売買は行わないものの、新規の組み入れをまったく行わないというわけでもありません。投資妙味のある銘柄は適宜採用し、一定の組み入れ比率に到達した時点で、採用理由と一緒に月次レポートで公表しています。

あくまでも長期目線での収益獲得を目指しているため、短期的な結果を追い求める人には向いていません。組み入れ銘柄の透明性の高さも含め、安心して長く保有できる商品を探している人に向いています。実際、運用成績も長期のほうが安定しています。また、この商品は、「よりよい世の中を次世代へつなげる」というコモンズ投信の理念を体現すべく、信託報酬の一部を社会起業家に寄付しています。

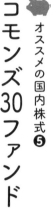

商品の基本情報

カテゴリー	タイプ	つみたて投資枠	成長投資枠
国内株式	アクティブ	○	○

●基本情報

運用会社	コモンズ投信		
設定日	2009/1/19	純資産残高	610.51億円
愛称	—	コスト（実質信託報酬）	1.0780%
類似の投資信託	—		

●組み入れ上位銘柄

No.	銘柄	業種	構成比（%）
1	ディスコ	機械	5.0
2	東京エレクトロン	電気機器	4.8
3	三菱商事	卸売業	4.7
4	味の素	食料品	4.5
5	信越化学工業	化学	3.9

	3年	5年	10年
年率リターン（%）	14.52	14.77	11.69
期間リターン（%）	50.21	99.13	202.20
シャープレシオ	0.85	0.86	0.72

オススメの国内株式❻

好配当日本株式 オープン

おもに東証プライム上場銘柄の中から、予想配当利回りが市場平均を上回る銘柄を中心に選定・投資するアクティブ型の投資信託です。この商品の全体の平均配当利回りが市場平均を上回るよう、銘柄や業種の分散を行い、3%程度の平均利回りを確保しています（東証プライム全銘柄の平均配当利回りは2%程度）。

配当利回りに着目しているとはいえ、組み入れ銘柄が特定の業種に偏らないよう、業種分散にも配慮しながらポートフォリオを構築しています。なお、この商品は、後述の「アジア好配当株投信」と同様、年4回決算です。新NISAでは分配金も非課税のため、定期的なキャッシュフローのニーズがある場合は、成長投資枠で定期分配型の投資信託やETFを保有してもよいでしょう。

商品の基本情報

カテゴリー	タイプ	つみたて投資枠	成長投資枠
国内株式	アクティブ	—	○

●基本情報

運用会社	野村アセットマネジメント		
設定日	2005/6/24	純資産残高	166.48億円
愛称	好配当ニッポン	コスト（実質信託報酬）	1.2100%
類似の投資信託	—		

●組み入れ上位銘柄

No.	銘柄	業種	構成比（%）
1	本田技研工業	輸送用機器	3.0
2	東京海上ホールディングス	保険業	3.0
3	トヨタ自動車	輸送用機器	2.9
4	オリックス	その他金融業	2.9
5	三井物産	卸売業	2.5

	3年	5年	10年
年率リターン（%）	19.94	14.60	11.09
期間リターン（%）	72.54	97.64	186.36
シャープレシオ	1.31	0.88	0.69

オススメの国内株式❼

情報エレクトロニクスファンド

国内株式の中でも、電気機器、精密機器などエレクトロニクスに関連する企業や、情報ソフトサービス、通信など情報通信に関連する企業の株式を選定・投資するアクティブ型の商品です。一見、話題性のある投資テーマを掲げた新しい投資信託に思えますが、じつは1984年の設定からじつに40年以上の運用実績を誇る「超・長寿ファンド」です。この商品を含むテクノロジー関連の投資信託は、2000年前後のITバブル期にブームを巻き起こしました。時代の流れとともに大多数が償還されて、この商品も最盛期と比べれば残高の規模が小さくなったものの、根幹の投資方針を維持しながら、着実にリターンを積み重ねてきました。なお、この商品の組み入れ銘柄の7割超を占める電気機器や機械といった業種には、株価が高い、いわゆる「値がさ株」が多く含まれています。こうした値がさ株にも効率よく投資できる、貴重な投資信託といえます。

商品の基本情報

カテゴリー	タイプ	つみたて投資枠	成長投資枠
国内株式	アクティブ	—	○

●基本情報

運用会社	野村アセットマネジメント		
設定日	1984/2/22	純資産残高	341.27億円
愛称	—	コスト（実質信託報酬）	1.6500%
類似の投資信託	—		

●組み入れ上位銘柄

No.	銘柄	業種	構成比（%）
1	ディスコ	機械	9.6
2	日立製作所	電気機器	8.2
3	ソニーグループ	電気機器	6.0
4	オルガノ	機械	5.8
5	アドバンテスト	電気機器	5.8

	3年	5年	10年
年率リターン（%）	16.22	24.14	16.53
期間リターン（%）	57.00	194.84	361.88
シャープレシオ	0.83	1.07	0.83

オススメの国内株式❽

小型ブルーチップオープン

中長期で成長が期待される中小型の銘柄に、割安度も考慮しながら厳選投資する日本株のアクティブ型です。

日本株のアクティブ型の中には、中小型株の成長性に期待して、特定の銘柄に集中的に投資する商品があります。しかし、この商品は極端な集中投資をしません。個別企業の企業価値と成長性の双方を考慮に入れながら、「臨機応変かつメリハリのある運用」を実践しています。なお、この商品がベンチマークに掲げる「Russell/Nomura Mid-Small Cap インデックス」は、中小型株の値動きを表した指数で、「Russell/Nomura Total Market（総合）インデックス」の時価総額下位50％の銘柄で構成されます。大型株と比べて値動きが大きいため、長期の積み立て投資がオススメです。

商品の基本情報

カテゴリー	タイプ	つみたて投資枠	成長投資枠
国内株式	アクティブ	—	○

●基本情報

運用会社	野村アセットマネジメント		
設定日	1996/7/31	純資産残高	196.20億円
愛称	—	コスト（実質信託報酬）	1.6720%
類似の投資信託	—		

●組み入れ上位銘柄

No.	銘柄	業種	構成比（%）
1	横浜ゴム	ゴム製品	4.3
2	いすゞ自動車	輸送用機器	3.5
3	豊田通商	卸売業	3.3
4	大和証券グループ本社	証券、商品先物取引業	3.0
5	住友不動産	不動産業	3.0

	3年	5年	10年
年率リターン（%）	17.94	19.54	14.31
期間リターン（%）	64.05	144.14	280.98
シャープレシオ	1.02	1.00	0.80

オススメの「新興国株式」4本と、「バランス型」4本、その他1本

「新興国株式」は、「国内株式」と同様、インデックス型を恒常的に上回る優良なアクティブ型の商品が多いカテゴリーです。そこで本書では、インデックス型では実現できない投資方針を掲げ、リターンを積み重ねている銘柄を選定しました。

一方、「バランス型」と、代替資産としての金（ゴールド）は、積極的に資産を増やすよりも、資産保全の色合いが強く、ポートフォリオの緩衝材としての役割が期待できるカテゴリーです。

「バランス型」は、昨今の世界的な金利上昇のあおりを受け、成績が低迷してしまった商品もありましたが、本書では、つみたて投資枠適格で資産形成に活用しやすい商品に加え、「金利がある世界」にも対応できる商品を選定しました。

「バランス型」は一括投資にも適していますが、「新興国株式」と「金（ゴールド）」は、値動きの幅が比較的大きいので、積み立てのほうがオススメです。

「新興国株式」「バランス型」他、オススメリスト

	カテゴリー	商品名	掲載ページ
1	新興国株式	iTrust新興国株式	P136
2	新興国株式	iTrustインド株式	P138
3	新興国株式	HSBC インド・インフラ株式オープン	P140
4	新興国株式	アジア好配当株投信	P142
5	バランス	＜購入・換金手数料なし＞ニッセイ・インデックスバランスファンド（4資産均等型）	P144
6	バランス	DCニッセイワールドセレクトファンド（株式重視型）	P146
7	バランス	たわらノーロード　最適化バランス（成長型）	P148
8	バランス	ピクテ・ゴールデン・リスクプレミアム・ファンド	P150
9	その他	ピクテ・ゴールド（為替ヘッジなし）	P152

オススメの新興国株式❶

iTrust新興国株式

新興国の中でも、労働人口が拡大している国に注目して投資を行うアクティブ型です。国別構成比では、ブラジル、インド、メキシコ、南アフリカ、アラブ首長国連邦が上位を占め、労働人口減少国である中国、韓国、台湾は投資対象から外れています。一般的な新興国株式指数は、現在もなお指数全体の3割を占める中国の動向が指数の成績を左右する状態にあります。その点、この商品は、投資先を特定地域に大きく偏らせないことで、特に2022年以降、他の新興国株式の投資信託を上回る成績を収めています。第2章でも触れた通り、これから新興国投資を検討するなら、「現在の状態」を表すインデックス型よりも、将来を見据えて投資先を調整できるアクティブ型にも目を向けることをオススメします。

商品の基本情報

カテゴリー	タイプ	つみたて投資枠	成長投資枠
新興国株式	アクティブ	—	○

●基本情報

運用会社	ピクテ・ジャパン		
設定日	2017/4/28	純資産残高	26.10億円
愛称	働きざかり～労働人口増加国限定～	コスト（実質信託報酬）	1.0895%
類似の投資信託	—		

●組み入れ上位銘柄

No.	銘柄	業種	構成比(%)
1	エマール不動産	不動産管理・開発	3.0
2	マンディリ銀行	銀行業	3.0
3	ELM CO	情報技術サービス	2.8
4	グルポ・フィナンシエロ・バノルテ	銀行業	2.8
5	イタウ・ウニバンコ・ホールディング	銀行業	2.8

	3年	5年	10年
年率リターン（%）	23.13	8.70	—
期間リターン（%）	86.68	51.76	—
シャープレシオ	1.24	0.50	—

オススメの新興国株式❷

iTrustインド株式

前述の通り、時価総額ベースで組成される新興国株式のインデックス型は、必然的に中国の比重が高くなってしまうため、インドの将来性に期待するなら個別の投資信託で取り入れましょう。先進国ほど株式市場が成熟していない新興国は、ガバナンス面で不安が残る企業も存在します。実際、2023年初旬には新興財閥アダニ・グループの不正疑惑が露呈したことからグループ各社の株価が急落し、インド株式市場全体に混乱を招きました。こうした背景からも、個別企業をしっかり選別するアクティブ型をオススメします。この商品は、インドの株式市場に上場する企業を投資対象にしていますが、実際の組み入れ銘柄は25程度に厳選しています。新興国株式の投資信託は、総じて信託報酬が高い傾向にありますが、この商品は、運用を外部に委託せずに自社で完結し、さらに、ネット専用販売にすることで、信託報酬を抑えています。

商品の基本情報

カテゴリー	インデックス	つみたて投資枠	成長投資枠
新興国株式	アクティブ	○	○

●基本情報

運用会社	ピクテ・ジャパン		
設定日	2018/4/3	純資産残高	226.77億円
愛称	—	コスト(実質信託報酬)	0.9828%
類似の投資信託	—		

●組み入れ上位銘柄

No.	銘柄	業種	構成比(%)
1	ICICI銀行	金融	8.7
2	HDFC銀行	金融	7.9
3	インフォシス	情報技術	6.9
4	SBIライフ・インシュアランス	金融	5.3
5	HCLテクノロジーズ	情報技術	5.0

	3年	5年	10年
年率リターン(%)	19.47	17.69	—
期間リターン(%)	70.52	125.76	—
シャープレシオ	1.10	0.86	—

オススメの新興国株式❸

HSBCインド・インフラ株式オープン

インドの株式市場に上場する銘柄の中から、インドのインフラ投資で恩恵を受ける企業を選定・投資するアクティブ型の投資信託です。インド国内のインフラ関連企業以外にも、インドのインフラに関連し、収益の大部分をインド国内の活動から得ている外国企業も投資対象に含まれます。

インドのモディ政権は、2021年夏に100兆ルピー（178兆円）規模の国家インフラ計画を打ち出しており、以降、インフラ開発の加速とともに恩恵を受ける業種や企業に注目が集まっています。この商品の設定は2009年で、すでに15年近い運用実績を誇りますが、こうした背景もあり、2022年頃から他のインド株の投資信託を大きく引き離す良好な成績を収めています。

商品の基本情報

カテゴリー	タイプ	つみたて投資枠	成長投資枠
新興国株式	アクティブ	—	○

●基本情報

運用会社	HSBCアセットマネジメント		
設定日	2009/10/1	純資産残高	1249.78億円
愛称	—	コスト（実質信託報酬）	2.0900%
類似の投資信託	—		

●組み入れ上位銘柄

No.	銘柄	業種	構成比（%）
1	ラーセン・アンド・トゥブロ	資本財	9.6
2	リライアンス・インダストリーズ	エネルギー	8.9
3	インド石油天然ガス公社	エネルギー	5.1
4	バルティ・エアテル	電気通信サービス	4.9
5	インド国営火力発電公社	公益事業	4.4

	3年	5年	10年
年率リターン（%）	34.80	25.54	17.03
期間リターン（%）	144.93	211.77	381.92
シャープレシオ	1.57	1.02	0.71

オススメの新興国株式❹

アジア好配当株投信

日本を除くアジア諸国・地域（韓国、台湾、香港、中国、シンガポール、インド等）に投資を行うアクティブ型の商品です。商品の名称に「好配当」とあるのは、配当利回りが市場平均を上回る銘柄を中心に組み入れているためです。銘柄選定にあたって、配当利回りの水準だけでなく、配当の安定性や成長性に加え、株価の割安性や企業業績等も考慮に入れています。国や地域という単位ではなく、あくまでも個々の企業に着目してポートフォリオを構築している点が特徴です。その結果、足元では、半導体・エレクトロニクスの分野で存在感を示す台湾の割合が約25％と、最も高くなっています。なお、この商品は年4回決算型で、決算内容に応じて、1万口あたり100～300円の分配を行っています。定期的な分配金の受け取りを必要としない場合、商品の購入時に「（分配金）再投資」を選択するようにしてください。

商品の基本情報

カテゴリー	タイプ	つみたて投資枠	成長投資枠
新興国株式	アクティブ	—	○

●基本情報

運用会社	野村アセットマネジメント		
設定日	2006/11/5	純資産残高	210.76億円
愛称	—	コスト（実質信託報酬）	1.2100%
類似の投資信託	—		

●組み入れ上位銘柄

No.	銘柄	業種	構成比(%)
1	中国建設銀行	銀行業	5.2
2	聯発科技（メディアテック）	テクノロジー	5.0
3	台湾セミコンダクター	テクノロジー	4.3
4	バンク・ラクヤット・インドネシア	銀行業	3.9
5	ユナイテッド・オーバーシーズ銀行	銀行業	3.9

	3年	5年	10年
年率リターン（%）	8.36	8.79	7.51
期間リターン（%）	27.22	52.40	106.31
シャープレシオ	0.61	0.58	0.52

オススメのバランス型❶

〈購入・換金手数料なし〉ニッセイ・インデックスバランスファンド（4資産均等型）

先進国の株式と債券、日本の株式と債券の計4資産に実質的に25％ずつ投資を行うシンプルなバランス型の投資信託です。具体的には、4資産の指数を均等に25％ずつ組み合わせた「合成ベンチマーク」の動きに連動した投資成果を目指します。均等配分のバランス型の投資信託には、「8資産均等」や「6資産均等」もありますが、より多くの資産に分散したからといってリスク（標準偏差）を一律に低くできるわけではありません。長期積み立て投資の場合は、コストが低い「4資産均等」をオススメします。

また、この商品を含む均等配分のバランス型は、つねに一定の資産配分を保ちながら運用を行うため、株式市場がよいときほど投資信託の運用成績全体に占める株式の影響力が大きくなります。「バランス型」ではありますが、この商品自体の値動きは必ずしも小さくありません。積み立てで活用することをオススメします。

商品の基本情報

カテゴリー	タイプ	つみたて投資枠	成長投資枠
バランス	インデックス連動	○	○

●基本情報

運用会社	ニッセイアセットマネジメント		
設定日	2015/8/27	純資産残高	463.70億円
愛称	—	コスト（実質信託報酬）	0.1540%
類似の投資信託	・つみたて4資産均等バランス ・eMAXISバランス（4資産均等型）		

●組み入れ上位銘柄

No.	投資対象	構成比（%）
1	国内株式（インデックス）	25.6%
2	国内債券（インデックス）	24.5%
3	先進国株式（インデックス）	24.6%
4	先進国債券（インデックス）	25.3%

	3年	5年	10年
年率リターン（%）	10.19	9.26	—
期間リターン（%）	33.80	55.69	—
シャープレシオ	1.10	0.94	—

オススメのバランス型❷

DCニッセイワールドセレクトファンド（株式重視型）

先進国の株式と債券、日本の株式と債券の計4資産に分散投資するバランス型の投資信託です。「4資産均等」との大きな違いは、各資産の配分が均等ではなく、同一シリーズ内で展開されているコースによって異なる点です。「株式重視型」の基準配分は、国内株式が40％、国内債券が15％、先進国株式が30％、先進国債券が10％（残りは短期金融資産）となっています。同シリーズ内の「債券重視型」「安定型」「標準型」の3本よりも株式の比率が高い分、債券の比率が低いのが特徴です。「4資産均等」と同様、この商品も一定の資産配分を保ちながら運用を行うため、株式市場がよいときほど商品の運用成績全体に占める株式の影響力が大きくなります。資産を増やす過程では「株式重視型」をオススメしますが、リスクを抑えたい場合は「標準型」を選択してもよいでしょう。

商品の基本情報

カテゴリー	タイプ	つみたて投資枠	成長投資枠
バランス	アクティブ	○	○

●基本情報

運用会社	ニッセイアセットマネジメント		
設定日	2003/1/10	純資産残高	485.35億円
愛称	—	コスト（実質信託報酬）	0.1540%
類似の投資信託	・DCニッセイワールドセレクトファンド（債券重視型） ・DCニッセイワールドセレクトファンド（安定型） ・DCニッセイワールドセレクトファンド（標準型）		

●組み入れ上位銘柄

No.	投資対象	構成比（%）
1	国内株式（インデックス）	40.6%
2	国内債券（インデックス）	14.6%
3	先進国株式（インデックス）	30.2%
4	先進国債券（インデックス）	9.8%
5	短期金融資産	4.9%

	3年	5年	10年
年率リターン（%）	13.03	11.48	8.85
期間リターン（%）	44.41	72.17	133.51
シャープレシオ	1.15	0.93	0.74

オススメのバランス型❸

たわらノーロード　最適化バランス（成長型）

国内外の株式、債券、リート（不動産投資信託）に分散投資するバランス型の商品です。この商品は、目標とするリスク水準別に計5本のシリーズで展開されています。この目標リスク水準に応じて、組み入れ資産ごとの投資比率を調整する点に特徴があります。目標リスク水準が高いほど、より高いリターンが期待できる株式とリートの組み入れ比率が高くなっています。「成長型」の目標リスク水準は約10％で、5本中2番目に高い水準です。10年単位の長期資産形成を前提とする場合、この「成長型」か、もう少し値動きが穏やかな「安定成長型（約7％）」をオススメします。まとまった資金を一括で投資する場合は、「安定成長型（約7％）」か「安定型（約5％）」を選ぶとよいでしょう。最もリスクが低い「保守型（約2％）」は、昨今の世界的なインフレ傾向を考慮に入れると、コストに見合ったリターンを期待できない可能性に留意してください。

商品の基本情報

カテゴリー	タイプ	つみたて投資枠	成長投資枠
バランス	アクティブ	○	○

●基本情報

運用会社	アセットマネジメントOne		
設定日	2018/1/24	純資産残高	1,920億円
愛称	—	コスト（実質信託報酬）	0.5500%
類似の投資信託	・たわらノーロード　最適化バランス（保守型） ・たわらノーロード　最適化バランス（安定型） ・たわらノーロード　最適化バランス（安定成長型） ・たわらノーロード　最適化バランス（積極型）		

●組み入れ上位銘柄

No.	投資対象	構成比（%）
1	国内株式（インデックス）	12.0%
2	国内債券（インデックス）	4.5%
3	先進国株式（インデックス）	16.0%
4	先進国債券（インデックス）	28.0%
5	新興国株式（インデックス）	2.0%
6	新興国債券（インデックス）	8.0%
7	その他	29.6%

	3年	5年	10年
年率リターン（%）	7.37	7.01	—
期間リターン（%）	23.77	40.32	—
シャープレシオ	0.75	0.61	—

オススメのバランス型❹

ピクテ・ゴールデン・リスクプレミアム・ファンド

日本を含む世界の株式と債券だけでなく、金（ゴールド）も投資対象にしている点が特徴的なバランス型の商品です。各資産の配分比率は、世界の市場環境に応じて決定します。具体的には、取ったリスクに見合う、魅力的なリターンが期待できる資産を都度選定し、配分を調整します。例えば、低金利環境下で、利息を生まない資産である金の魅力が相対的に高いときは金の組み入れ比率を高くし、反対に金利上昇時は、金の比率を下げ、債券の比率を高めるといった対応をします。その結果、低金利局面と高金利局面の双方でリターンの獲得が期待できます。この商品の設定は2020年6月で、今後の金利上昇局面を見越してつくられた、「時代に合った」バランス型の投資信託といえます。株式のインデックス型の商品と組み合わせると「緩衝材」の役割が期待でき、また積み立てだけでなく、まとまった資金の投資先としてもオススメです。

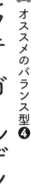

商品の基本情報

カテゴリー	タイプ	つみたて投資枠	成長投資枠
バランス	アクティブ	—	○

●基本情報

運用会社	ピクテ・ジャパン		
設定日	2020/6/26	純資産残高	427.14億円
愛称	ポラリス	コスト（実質信託報酬）	1.7875%
類似の投資信託	—		

●組み入れ上位銘柄

No.	投資対象	構成比（%）
1	株式（アクティブ）	44.8%
2	債券（アクティブ）	14.3%
3	金（アクティブ）	38.4%
4	短期金融資産	2.6%

	3年	5年	10年
年率リターン（%）	11.69	—	—
期間リターン（%）	39.32	—	—
シャープレシオ	1.21	—	—

その他のオススメ

ピクテ・ゴールド（為替ヘッジなし）

金の現物に投資し、米ドル建ての金価格の値動きを概ねとらえることを目指す投資信託です。ETFを通じて間接的に金価格の値動きを享受する金関連の商品が多い中、現物に投資している点に大きな特徴があります。なお、同じ運用方針を掲げる姉妹ファンドとして、「為替ヘッジあり」もあります。一般的に、金価格は米ドルと反対の方向に動くとされています。金価格が上昇すると米ドル安・円高方向に振れ、逆に金価格が下落すると米ドル高・円安方向に振れます。せっかく金価格が上昇しても、米ドル安になると、米ドル建ての投資信託のリターンは押し下げられます。したがって、理論上は、「為替ヘッジあり」を選択することで為替変動による負の影響が取り除かれるとされていいます。こうした為替変動の影響を排除したい場合は、「ヘッジあり」を、金の価格をダイレクトに享受したい場合は「ヘッジなし」を選択するとよいでしょう。

商品の基本情報

カテゴリー	タイプ	つみたて投資枠	成長投資枠
その他	アクティブ	—	○

●基本情報

運用会社	ピクテ・ジャパン		
設定日	2019/9/19	純資産残高	605.07億円
愛称	—	コスト（実質信託報酬）	0.8790%
類似の投資信託	・ピクテ・ゴールド（為替ヘッジあり）		

●組み入れ上位銘柄

No.	投資対象	構成比（%）
1	フィジカル・ゴールド・ファンド	99.2%
2	コール・ローン等、その他	0.8%

	3年	5年	10年
年率リターン（%）	16.44	—	—
期間リターン（%）	57.88	—	—
シャープレシオ	1.43	—	—

第4章

プロが伝授！新NISAのETFの賢い使い方

ETFのキホン❶

ETFとはなにか?

ETFとは、「Exchange Traded Funds」の頭文字を取ったもので、日本語の正式名称は「上場投資信託」といいます。

1993年に世界初のETFが米国で誕生し、2年後の1995年には日本で初めてのETFが設定・上場しました。投資信託と比べて歴史は浅いものの、商品のバリエーションは年々増加しており、米国を中心に資産形成にも広く活用されています。

ETFも、様々な投資対象資産をパッケージ化し、1つの商品として運用を行う点は投資信託と共通です。しかし、「上場投資信託」という名称の通り、証券取引所に上場している点が投資信託との大きな違いです。

上場しているということは、**株式市場の立会時間中であれば、いつでもリアルタイムの価格で売買できる**ということです。これこそが、ETFの最大の特徴であり魅力なのです。価格が下落したタイミングで買い注文を入れたり、反対に上昇したタイミングで売り注文を入れたりといった機動的な取引ができるほか、自分が買いたい（売りたい）価格をあらかじめ指定して発注する「指値注文」も可能です。

一方、1日に1回公表される基準価額で取引を行う投資信託のほうが、積み立てとの相性はよいといえるでしょう。現に、つみたて投資枠の対象ＥＴＦは、投資信託と比べると数が極めて少なく、事実上、「新ＮＩＳＡの対象ＥＴＦ」は成長投資枠の対象商品を指します。こうした特性を考慮に入れると、ＥＴＦは成長投資枠で活用することがオススメです。

また、ＥＴＦは、商品の仕組み上、保有するすべての銘柄とその割合を毎日開示しなければならないため、運用の透明性が高いという利点もあります。

近年、指数への連動を目指すインデックス型だけでなく、投資信託のようにファンドマネジャーが銘柄を選定するアクティブＥＴＦも誕生していますが、これらのアクティブＥＴＦについても、日々保有銘柄が開示されています。

個別銘柄投資へのステップアップを目指すにあたり、参考にしてもよいでしょう。

ETFのキホン❷

投資信託よりも安いETFの信託報酬

ETFの魅力としてよく挙げられるのが、保有期間中のコスト（信託報酬）の安さです。投資信託の信託報酬も近年は低下傾向にありますが、ETFは構造上、投資信託よりも信託報酬を低くできる理由があるのです。

投資信託の信託報酬は①販売会社、②運用会社（委託会社）、③受託会社の3社に分配されますが、上場商品であるETFの信託報酬の場合、販売会社報酬が含まれません。そのため、単純な信託報酬率だけを見ると、同種のETFのほうが低い傾向にあります。販売会社の手数料が含まれていない理由は、現物株式と同様、証券会社が原則として株式売買委託手数料を徴収するからです。売買手数料は、買い注文と売り注文の双方でかかります。ただし、新NISA口座での取引の場合、ネット証券を中心にこの取引手数料を無料にしている証券会社が多いので、証券会社を選ぶ際に確認しておきましょ

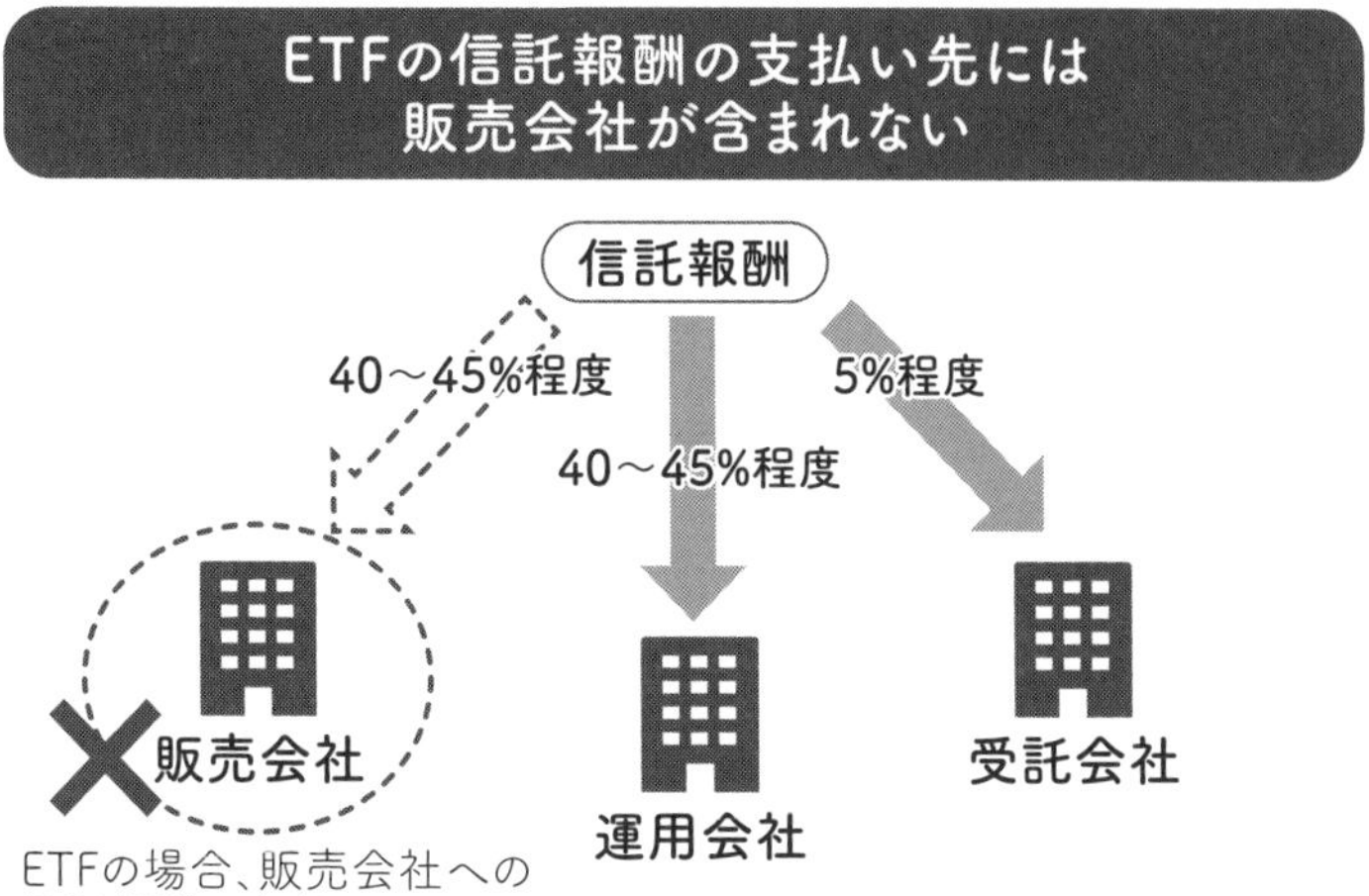

ETFの場合、販売会社への信託報酬の支払いがない。

う。そして、もう１つ**取引時のコストとして確認しておきたいのが、売値（アスク）と買値（ビッド）の差である、ビッド・アスク・スプレッド**です。上場商品は、買いたい人と売りたい人の需要量に応じて価格が変動します。この需要と供給がマッチしたときに取引が成立します。

買いたい人も売りたい人も多く、流動性が高い銘柄であればさほど気にする必要はありませんが、取引量が少ない銘柄の場合、最も安い売り気配価格と最も高い気配価格の差が大きくなることがあります。これが、ビッド・アスク・スプレッドです。

ETFのキホン❸

ETFのコストで特に注意すべきこと

また、ETFでは、ベンチマークのライセンス料や上場費用を「その他費用」として、信託報酬とは別枠で徴収することが多くなっています。こうした対応を取る理由は、ライセンス料などが残高の増減に関係なく発生する固定費であり、運用の対価として支払われるものではないからです。

そこで、左の図の通り、冒頭の信託報酬とその他費用の合計を費用が発生した期間の平均純資産残高で割った**「経費率」**（エクスペンスレシオともいいます）を用いて、保有期間中にかかる総コストを判断します。

ETFは、総コストに占める「その他費用」の割合が相対的に高いため、コストを判断する指標として経費率が歴史的に使われてきました。対して投資信託の世界では、長年、運用会社によって「その他費用」に何を含めるかの解釈が異なっていました。そこ

経費率の計算方法

総コスト

$$\text{経費率} = \frac{\boxed{\text{信託報酬} + \text{その他費用}}}{\text{期中の平均純資産残高}}$$

で、2024年4月からは投資信託でも経費率を算出し、交付目論見書に掲載されるようになりました。

なお、ETFも一般的な投資信託も、ファンドの純資産残高が大きいほど（先の計算式の分母の値が大きいほど）経費率の値は小さくなります。言い換えると、残高が小さいファンドほど、信託報酬と経費率の乖離幅は大きくなるということです。

残高が小さい、または、流動性の低い銘柄の場合は、こうした信託報酬以外のコストにも目を配るようにしましょう。

ETFのキホン❹

「国内ETF」と「海外ETF」の違い

近年、「VOO」や「QQQ」といった、アルファベット3文字の銘柄を目にすることが多くなりました。

これらの銘柄は、海外ETFと呼ばれるETFの一種です。アルファベットの文字列は、ティッカーシンボルという銘柄の識別コードです。

じつは、ETFには日本の法令に基づいて日本で組成され、日本国内の証券取引所に上場している「国内籍ETF」と、外国の法令に基づいて外国で組成された「外国籍ETF」の2種類があります。

一般的に、証券会社では国内籍ETFのことを「国内ETF」、外国籍ETFのことを「海外ETF」と呼ぶことが多くなっています。

前者の国内ＥＴＦはすべて日本の取引所に上場しているので円建てです。一般的な投資信託と同様、海外資産に投資していても、円換算で評価されます。

個別株式と同様、国内ＥＴＦは数字４文字の証券コードが附番されています（２０２４年１月以降、英文字が入ったコードも設定予定）。

対して、海外ＥＴＦは外国の取引所に上場している銘柄と、本数は少ないものの、日本の取引所に上場している銘柄もあります。

日本の取引所に上場している海外ＥＴＦは、日本円で取引を行い、外国の取引所に上場している銘柄は、現地通貨（米国ＥＴＦなら米ドル）で取引を行います。

近年、米国株人気の高まりとともに、海外ＥＴＦの一種である米国ＥＴＦの認知度が高まってきました。

例えば、投資信託でもおなじみのＳ＆Ｐ５００指数への連動を目指す海外ＥＴＦとしては、次のような銘柄があります（カッコ内はティッカーシンボル）。

・ＳＰＤＲ® Ｓ＆Ｐ５００® ＥＴＦ（ＳＰＹ）
・バンガード・Ｓ＆Ｐ５００ ＥＴＦ（ＶＯＯ）

ちなみに、冒頭で少し触れた「ＱＱＱ」は、ハイテク企業を中心に構成されるナスダック100指数への連動を目指すETFです。正式名称は、「インベスコQQQトラスト・シリーズ1」です。「トリプルキュー（Q）」という愛称で呼ばれることもあります。

海外ETFはドル建てなので、どこかのタイミングで手持ちの円を米ドルに交換して取引を行う必要があります。

すでにドルを保有している場合、米国ETFの買い注文を出す際に「外貨決済」を選択することで手持ちのドルをそのまま活用できます。

ドルを保有していない場合は「円貨決済」を選択すると、証券会社が提示したレートで取引ごとにドルに交換し、取引できます。事前にドルを準備する必要がなく、注文を出したいと思ったときに買い注文を出すことができます（金融機関によって所定の為替手数料がかかります）。

前述の通り、上場していない一般的な投資信託と国内ETFは、ドル建ての資産に投資していても、円で価格（基準価額）が算出されます。強制的に円というフィルターがかかるため、円安（ドル高）のときはプラスの、円高（ドル安）のときはマイナスの影響が出ます。

この点、米国ETFなら強制的に円換算されることなく、つねにドル建てで資産が評

国内ETFと海外ETFの違い

<table>
<tr><th></th><th></th><th></th><th>米国ETF</th></tr>
<tr><td>ETFの国籍</td><td>国内籍ETF</td><td colspan="2">外国籍(海外)ETF</td></tr>
<tr><td>上場先</td><td colspan="2">国内上場</td><td>海外上場</td></tr>
<tr><td>基づく法律</td><td>日本</td><td colspan="2">外国</td></tr>
<tr><td>取引通貨</td><td colspan="2">円建て</td><td>外貨建て</td></tr>
<tr><td>取引単位（原則）</td><td colspan="2">単元株数</td><td>1株</td></tr>
</table>

価されます。保有する米国ＥＴＦを売却する際に「外貨決済」をすれば、ドルのまま売却代金を受け取れます。円資産が必要になるまでドルで保有し、自分がよいと思ったタイミングで円に交換できます。

以上をまとめると、日本円に交換するタイミングを自分で見極めたい人、ドルのまま資産を保有し続けたい人には、海外ＥＴＦが向いている、といえるでしょう。

ETFのキホン❺

投資信託とETFの賢い使い分け方

では、ＥＴＦと投資信託はそれぞれどのようなニーズを持つ人に向いているのでしょうか。次ページの図を見てください。それぞれ3つのポイントにまとめたので順番に見てみましょう。

すでに解説した通り、ＥＴＦと投資信託の最大の違いは、上場しているか、していないかです。

ＥＴＦは、通常の株式と同様、立会時間中にリアルタイムで変動する市場価格で取引ができます。注文の方法も、買い・売りの値段を自分で指定する「指値注文」と、値段を指定せずに最優先の呼値《よびね》で取引が執行される「成行注文」から選択できます。また、通常の株式と同様、信用取引も可能です。対して投資信託は、1日に1回公表される基準価額で取引を行うほか、「ブラインド方式」といって、実際の取引価格はわからない

ETFが向いているケース、投資信託が向いているケース

投資信託が向いているケース	ETFが向いているケース
1 少額から積み立てをしたい	1 マーケットのタイミングを見て取引したい
2 つみたて投資枠の商品を中心に積み立てたい	2 保有する米ドルの運用先を探している
3 インデックスよりもリスクを低く抑えたい	3 分配金を受け取りたい

仕組みになっています。

　したがって、ＥＴＦのように、マーケットのタイミングを見ながら迅速に取引したいというニーズには応えられません。一方で、あらかじめ指定した日に、指定した金額で自動的に買い付けを行う積み立てとは好相性です。

　ｉＤｅＣｏ（個人型確定拠出年金）やＮＩＳＡなど、個人の資産形成を後押しする制度に投資信託が活用されているのには、１日単位でしか価格が動かず、指定した金額単位で買い付けができるという、投資信託ならではの特性が関係しています。

　最近は、国内ＥＴＦ、海外ＥＴＦとも積み立てに対応する証券会社も増えました。

積み立てに対応している具体的なETFの銘柄や、積み立ての最低額は証券会社によって異なるため、各社のウェブサイトなどで確認してください。

また、ETFは、分配金ニーズがある投資家の投資対象として、さらに、保有外貨の有効活用先としても活用できます。

ETFは、税法上の定めにより、決算期間中に出た利子や配当等の収益から信託報酬を含む費用を控除した全額を分配することになっています。投資信託のように分配相当額を留保し、翌期以降に繰り越すことができないため、ETFには基本的に「分配金の再投資」という概念がありません。

こうしたETFの仕組みを利用し、個別株の配当のように、分配金という形で定期的にお金を受け取ることもできます。もちろん、NISA口座内で保有するETFで発生した分配金に税金はかかりません。

保有する外貨を有効活用する方法として、海外ETFの購入を検討してもよいでしょう。

もし米ドルを保有しているなら、米国ETFの注文時に「外貨決済」を選択することで、手持ちの米ドルをそのまま活用できます。ETFを売却した後も、米ドルで保有し続けることができます。

かつてはコスト面でＥＴＦに圧倒的な優位性がありましたが、近年は、投資信託の信託報酬も低下傾向にあり、コストという表面的な基準だけでＥＴＦと投資信託を比べることが難しくなっています。それぞれの特徴を把握したうえで、自分のニーズに合わせ、両者を使い分けましょう。

次ページから、私が厳選したＥＴＦを10本紹介していますので、ぜひ購入の参考にしてみてください。

オススメのETF ①

バンガード・トータル・ワールド・ストックETF

●基本情報

ティッカーシンボル	VT	運用会社	バンガード
取引通貨	米ドル	年間決算回数	4
カテゴリー	グローバル株式	設定日	2008年6月24日
経費率（％）	0.0700	分配金利回り（％）	2.09
ベンチマーク	FTSEグローバル・オールキャップ指数		

●商品概要

当ETFが連動を目指すFTSEグローバル・オールキャップ指数は、大型株、中型株、さらに小型株まで網羅する全世界の株式市場の動向を表す時価総額加重平均型の株価指数です。先進国や新興国市場を含む約47ヵ国の約8,000銘柄で構成されています。MSCIオールカントリーと比べ、構成銘柄数が多いのが特徴です。「楽天・全世界株式インデックス・ファンド」も同じベンチマークを用いています。

●組み入れ上位銘柄

No.	銘柄	業種	構成比（％）
1	マイクロソフト	テクノロジー	3.9
2	アップル	テクノロジー	3.4
3	エヌビディア	テクノロジー	2.4
4	アマゾン・ドット・コム	一般消費財	2.0
5	メタ・プラットフォームズ	コミュニケーション・サービス	1.4

オススメのETF ②

バンガード・トータル・ストック・マーケットETF

●基本情報

ティッカーシンボル	VTI	運用会社	バンガード
取引通貨	米ドル	年間決算回数	4
カテゴリー	米国株式	設定日	2001年5月24日
経費率（%）	0.0300	分配金利回り（%）	1.42
ベンチマーク	CRSP US トータル・マーケット指数		

●商品概要

当ETFが連動を目指すCRSP US トータル・マーケット指数は、米国株式市場の大型株から小型株までを網羅し、投資可能銘柄のほぼ100％をカバーした時価総額加重平均型の株価指数です。「楽天・全米株式インデックス・ファンド」も同じベンチマークを用いています。

●組み入れ上位銘柄

No.	銘柄	業種	構成比（%）
1	マイクロソフト	テクノロジー	6.2
2	アップル	テクノロジー	5.4
3	エヌビディア	テクノロジー	3.8
4	アマゾン・ドット・コム	一般消費財	3.3
5	メタ・プラットフォームズ	コミュニケーション・サービス	2.2

オススメのETF ③

SPDR® ダウ工業株平均 ETF

●基本情報

ティッカーシンボル	DIA	運用会社	ステート・ストリート
取引通貨	米ドル	年間決算回数	12
カテゴリー	米国株式	設定日	1998年1月14日
経費率（%）	0.1600	分配金利回り（%）	1.78
ベンチマーク	ダウ・ジョーンズ工業株価平均		

●商品概要

当ETFが連動を目指すダウ・ジョーンズ工業株価平均は、S&Pダウ・ジョーンズによって選定された、米国経済を代表する優良な30銘柄の株価を平均して算出される指数です。100年以上の歴史を誇る指数ではありますが、銘柄構成数が少ないため、株価の高い銘柄（値がさ株）の影響を受けやすいという特徴があります。

●組み入れ上位銘柄

No.	銘柄	業種	構成比（%）
1	ユナイテッドヘルス・グループ	ヘルスケア	8.3
2	マイクロソフト	テクノロジー	6.9
3	ゴールドマン・サックス	金融	6.5
4	ホームデポ	一般消費財	6.4
5	キャタピラー	資本財	5.6

オススメのETF ④

ファースト・トラスト・ライジング・ディヴィデンド・アチーバーズ・ETF

●基本情報

ティッカーシンボル	RDVY	運用会社	ファースト・トラスト
取引通貨	米ドル	年間決算回数	4
カテゴリー	米国株式	設定日	2014年1月6日
経費率（%）	0.4900	分配金利回り（%）	2.13
ベンチマーク	ナスダック米国ライジング・ディビデンド・アチーバーズ指数		

●商品概要

当ETFが連動を目指すナスダック米国ライジング・ディビデンド・アチーバーズ指数は、直近12カ月の配当金が、3年前と5年前の12カ月の配当金を上回り、且つ、今後も増配が期待される銘柄を中心に構成された指数です。単純な配当利回りの高さだけでなく、細かい基準が設けられているのがポイントです。

●組み入れ上位銘柄

No.	銘柄	業種	構成比（%）
1	ウィリアムズ・ソノマ	一般消費財	2.2
2	ラムリサーチ	テクノロジー	2.1
3	DRホートン	一般消費財	2.1
4	スチール・ダイナミクス	素材	2.1
5	アプライド・マテリアルズ	テクノロジー	2.1

オススメのETF ⑤

バンガード・米国増配株式ETF

●基本情報

ティッカーシンボル	VIG	運用会社	バンガード
取引通貨	米ドル	年間決算回数	4
カテゴリー	米国株式	設定日	2006年4月21日
経費率(%)	0.0600	分配金利回り(%)	1.87
ベンチマーク	S&P US ディビデンド・グローワーズ指数		

●商品概要

当ETFが連動を目指すS&P US ディビデンド・グローワーズ指数は、米国株式市場において過去10年間継続して配当を増加してきた米国企業(配当利回り上位25%の適格企業を除く)で構成される時価総額加重型の株価指数です。「SBI・V・米国増配株式インデックス・ファンド」も同じベンチマークを用いています。

●組み入れ上位銘柄

No.	銘柄	業種	構成比(%)
1	マイクロソフト	テクノロジー	5.6
2	アップル	テクノロジー	4.0
3	ブロードコム	テクノロジー	3.5
4	JPモルガン・チェース	金融	3.4
5	ユナイテッドヘルス・グループ	ヘルスケア	2.9

オススメのETF ⑥

ヴァンエック・半導体株ETF

●基本情報

ティッカーシンボル	SMH	運用会社	ヴァンエック
取引通貨	米ドル	年間決算回数	1
カテゴリー	テーマ株式	設定日	2011年12月20日
経費率（%）	0.3500	分配金利回り（%）	0.56
ベンチマーク	マーケット・ベクトル米国上場半導体25指数		

●商品概要

当ETFが連動を目指すマーケット・ベクトル米国上場半導体25指数は、米国で上場している半導体企業最大手25社の全体的なパフォーマンスを追跡することを目的としています。特定の銘柄の組み入れ比率が高くなりすぎないよう、各銘柄の保有率は原則として20%以下に調整されています。

●組み入れ上位銘柄

No.	銘柄	業種	構成比（%）
1	エヌビディア	テクノロジー	21.2
2	台湾セミコンダクター	テクノロジー	12.1
3	ブロードコム	テクノロジー	7.8
4	ASMLホールディング	テクノロジー	4.9
5	クアルコム	テクノロジー	4.5

オススメのETF ⑦

グローバルX 半導体関連-日本株式 ETF

●基本情報

証券コード	2644	運用会社	Global X Japan
取引通貨	日本円	年間決算回数	2
カテゴリー	国内株式	設定日	2021年9月24日
経費率（%）	0.6490	分配金利回り（%）	0.61
ベンチマーク	ファクトセット・アジア・セミコンダクター指数		

●商品概要

当ETFが連動を目指すファクトセット・アジア・セミコンダクター指数は、半導体の製造や加工に関連する国内企業最大40銘柄で構成される指数です。特定の銘柄の組み入れ比率が高くなりすぎないよう、各銘柄の保有率は10%以下となるよう調整されています。

●組み入れ上位銘柄

No.	銘柄	業種	構成比(%)
1	SCREENホールディングス	電気機器	11.7
2	東京エレクトロン	電気機器	11.4
3	アドバンテスト	電気機器	11.0
4	ディスコ	機械	10.7
5	レーザーテック	電気機器	9.2

オススメのETF ⑧

NEXT FUNDS 日本成長株アクティブ上場投信

●基本情報

証券コード	2083	運用会社	野村アセットマネジメント
取引通貨	日本円	年間決算回数	2
カテゴリー	国内株式	設定日	2023年9月6日
経費率（%）	0.6875	分配金利回り（%）	0.28
ベンチマーク	TOPIX配当込み指数（参考指数）		

●商品概要

2023年に日本でも解禁が始まったアクティブETFの第一弾銘柄です。個別企業の調査や分析を通じ、企業のビジネスモデル、経営戦略、財務戦略などを評価し、中長期的に高い自己資本利益率（ROE）を期待できる銘柄を中心に選定します。他のETFと同様、組入れ銘柄も公表されています。

●組み入れ上位銘柄

No.	銘柄	業種	構成比（%）
1	日立製作所	電気機器	3.7
2	デンソー	輸送用機器	3.6
3	トヨタ自動車	輸送用機器	3.6
4	東京エレクトロン	電気機器	3.5
5	ジャストシステム	情報・通信	3.3

オススメのETF ⑨

iシェアーズ フロンティア & セレクトEM ETF

●基本情報

ティッカーシンボル	FM	運用会社	ブラックロック
取引通貨	米ドル	年間決算回数	2
カテゴリー	新興国株式	設定日	2012年9月12日
経費率（%）	0.7900	分配金利回り（%）	3.57
ベンチマーク	MSCIフロンティア＆エマージングマーケットセレクト指数（参考指数）		

●商品概要

日本で唯一、エマージング市場に加えて、フロンティア市場（新興国よりも更に金融市場の規模が小さく、流動性に制約がある市場）にも投資ができるETFです。2023年に運用方針を変更し、完全なインデックス連動ではなく、アクティブ運用を行うETFとして生まれ変わりました。

●組み入れ上位銘柄

No.	銘柄	業種	構成比（%）
1	カスピ	金融	8.2
2	コマーシャル・インターナショナル銀行エジプト	金融	3.5
3	BlackRock Cash Funds - Treasury	短期金融資産	3.4
4	ホア・ファット・グループ	素材	3.2
5	カザトムプロム	エネルギー	2.9

オススメのETF ⑩

SPDR ゴールド・ミニシェアーズ・トラスト

●基本情報

ティッカーシンボル	GLDM	運用会社	ステート・ストリート
取引通貨	米ドル	年間決算回数	1
カテゴリー	その他	設定日	2018年6月25日
経費率（％）	0.1000	分配金利回り（％）	0.00
ベンチマーク	LBMA午後金価格		

●商品概要

LBMA午後金価格とは、金現物の代表的な市場であるロンドン市場にて午後に公表される、1トロイオンスあたりの米ドル建ての金価格です。当ETFは、コスト控除前で、金現物の値動きに連動する投資成果を目指します。

●組み入れ上位銘柄

No.	銘柄	業種	構成比（％）
1	—	—	—
2	—	—	—
3	—	—	—
4	—	—	—
5	—	—	—

第5章

【ケース別】投資信託のオススメの組み合わせ方

ポートフォリオのつくり方❶

やってはいけない商品の組み合わせ

前述の通り、広く分散された株式インデックスファンドを積み立てることが資産形成の「最初の一歩」です。

では、資金面に余裕が出て追加の投資先を検討する際も、類似の株式のインデックス型を組み合わせればよいかというと、それは違います。

次ページの図は、私がよく目にする、多くの投資家が実践しているインデックス型の組み合わせのパターンです。

これらの組み合わせは、いずれも「ほとんど意味のないもの」と言っても過言ではありません。

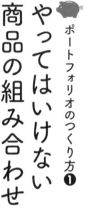

なぜなら、インデックスで投資されている中身の大部分が被っているからです。

例えるなら、幕の内弁当と松花堂弁当を一緒に買うようなものです。止めることはし

やってはいけないインデックス型の組み合わせ

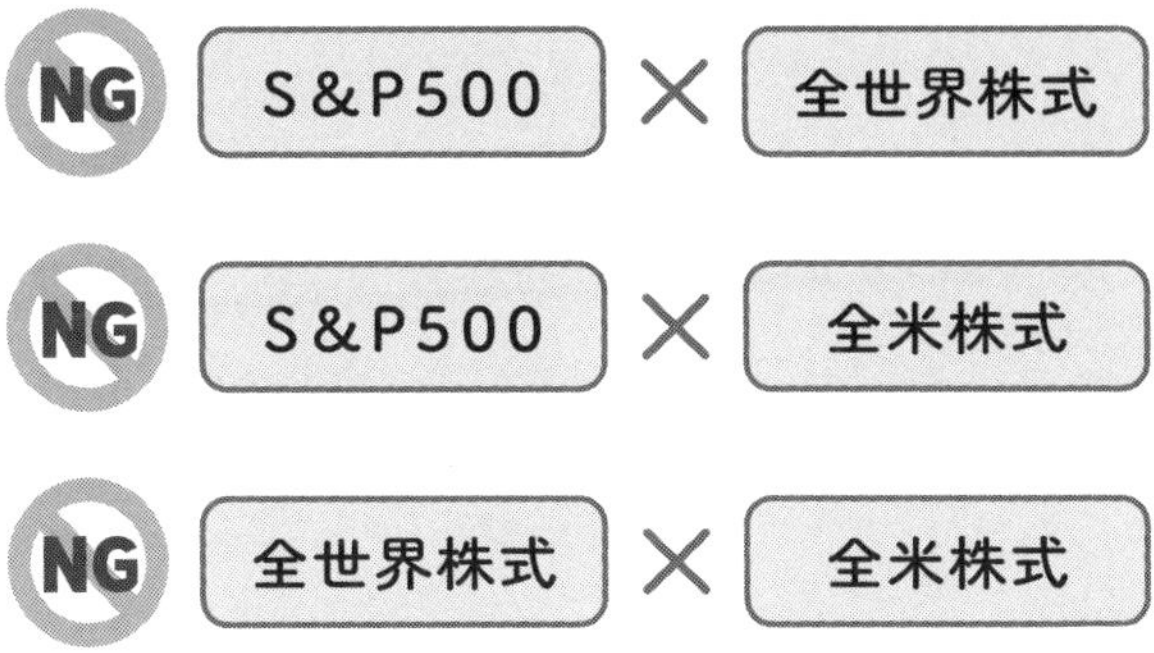

投資先が似通った商品を組み合わせても、リスク分散効果は期待できない。

ませんが、積極的にオススメもしません。

資産間の相関が低ければ、２つの資産だけでもリスクを下げることは可能です。

一見すると、より多くの投資信託を保有していたほうがリスクを抑えられそうですが、保有する投資信託の数が多いからといって、保有資産（ポートフォリオ）全体のリスクが一律に低くなるわけではないのです。

ポートフォリオのつくり方❷

商品の賢い組み合わせ方2つのポイント

複数の投資信託を保有する、または、積み立てる目的は大きく2つあります。

1つは、**リスク分散**のためです。

そしてもう1つは、**より高いリターンを追求する**ためです。

リスク分散でポイントになるのは、**値動きの方向性が異なる資産を保有すること**です。似た値動きをするインデックス型の商品を複数保有してもリスクは小さくならず、分散効果も期待できません。

例えば、同じ株式のインデックス型でも、日経平均株価やS&P500指数のように、景気回復期に華々しく上昇する成長株寄りの商品もあれば、景気低迷期・後退期に耐性を発揮する、高配当株や割安（バリュー）株を束ねた商品もあります。

一般的に、高い配当を支払う高配当株は、通信や公益などの成熟産業に多く見られます。

成長株のように、企業の急成長による大きな株価の上昇は見込みにくい一方で、安定した値動きが期待できる安心感があります。

次に、**リターンの追求についてですが、ポイントになるのは収益源を多様化させることです。**

インデックス型を保有している場合、**同じインデックス型よりも、アクティブ型や個別株を組み合わせるほうが効率のよい投資ができます。**

インデックス型だけだと、それ自体が分散されていて、前述の「被り」が一定程度発生するためです。

アクティブ型や個別株を選ぶ際は、異なる性質の商品を選ぶことが重要です。

近年、前述の典型例の組み合わせ以外に、番外編としてS&P500指数のインデックス型と、米国の個別株という組み合わせも目立つようになりました。

個別株で特に人気なのは、「マグニフィセント・セブン」(アップル、マイクロソフト、アルファベット、アマゾン・ドット・コム、エヌビディア、メタ・プラットフォームズ、テスラで構成される超大型株の愛称)です。

これらの銘柄は、時価総額ベースでS&P500指数の4分の1程度、ハイテク株が中心のナスダック100指数のじつに半分を占め、極めて影響力が大きくなっています。

「マグニフィセント・セブン」の近年の株価上昇率には目を見張るものがありますが、資産分散の観点では、インデックスファンドとあわせて保有することは必ずしもオススメできません。

なぜなら、「リスクの上塗り」状態になってしまう危険性があるからです。

以上を踏まえ、188ページから、年代別に具体的な銘柄のオススメの組み合わせ方について紹介しますので、ぜひ参考にしてみてください。

ケース別オススメポートフォリオ

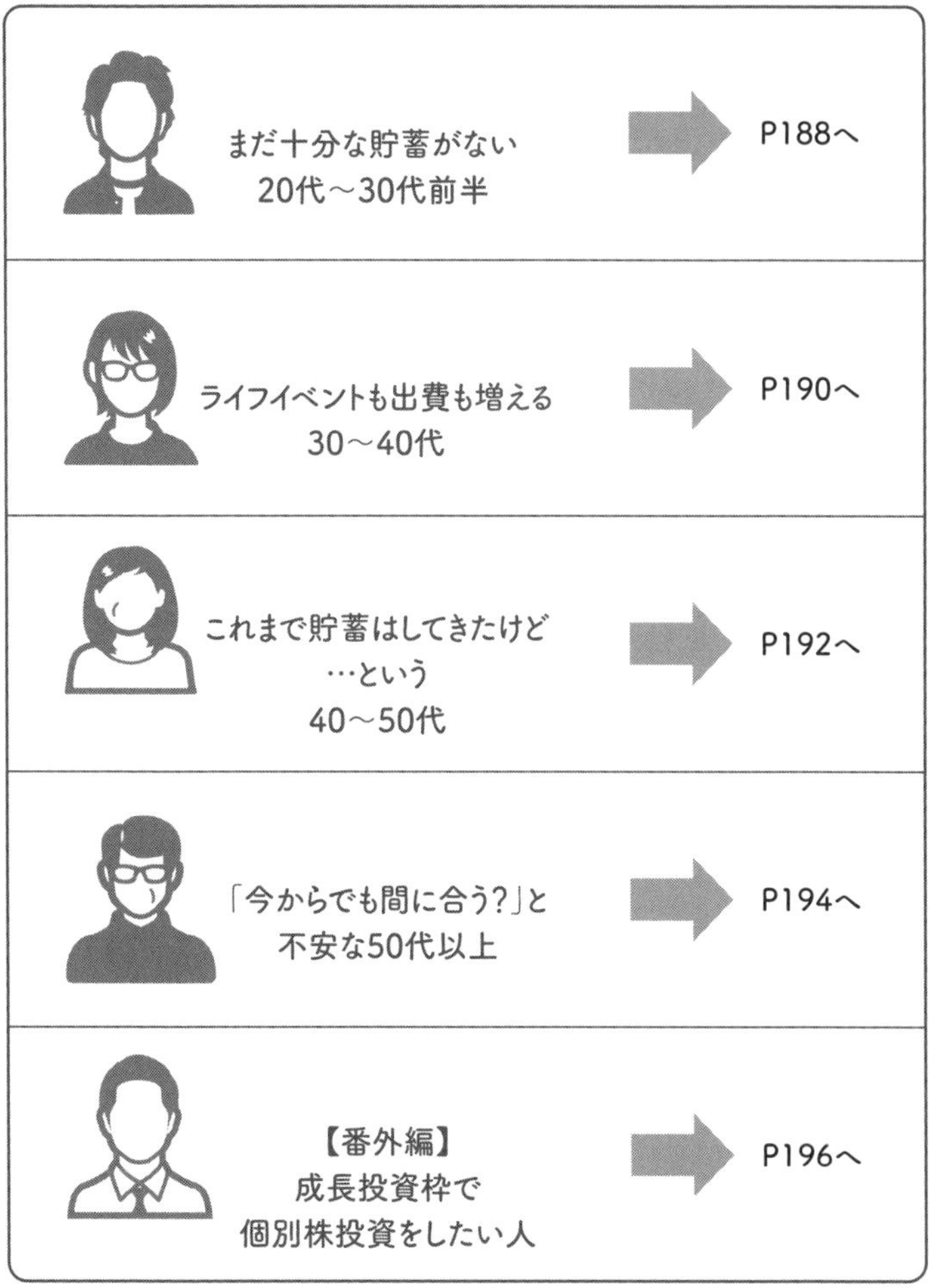

オススメのポートフォリオ❶20代～30代前半

こんな人にオススメ

まだ十分な貯蓄がない
20代～30代前半

つみたて投資枠で土台を固め、成長投資枠で投資のステップアップを目指す

●つみたて投資枠

まずは、つみたて投資枠で細く長く「全世界株式インデックス」を積み立てるところから始めましょう。積み立ては、無理のない金額で、毎月1万円からでも問題ありません。成長投資枠とあわせて3万円程度を積み立てられれば合格点です。資金面に余裕が出てきたら少しずつ金額を増やすことも検討してみてください。とにかく"細く長く"続けるのがポイントです。

●成長投資枠

資産形成においては、取れるときにリスクを取っておくことも重要です。つみたて投資枠に少し慣れてきたら、成長投資枠で「全世界株式インデックス」のカバレッジが薄い地域や、個別株にチャレンジしてもよいでしょう。日本株アクティブや新興国株式ファンドなら積み立てを選んで。金（ゴールド）は、ポートフォリオの緩衝材的な役割として取り入れるとよいでしょう。

将来的に個別株のチャレンジを検討しているなら、テーマ型の投資信託かETFもおすすめです。なお、個別株は、株価水準によっては非課税枠の大部分を占めることになるため、年間非課税枠（最大240万円）を考慮に入れながら、必要に応じて単元未満株も活用するとよいでしょう。

投資信託・ETFの組み合わせ例

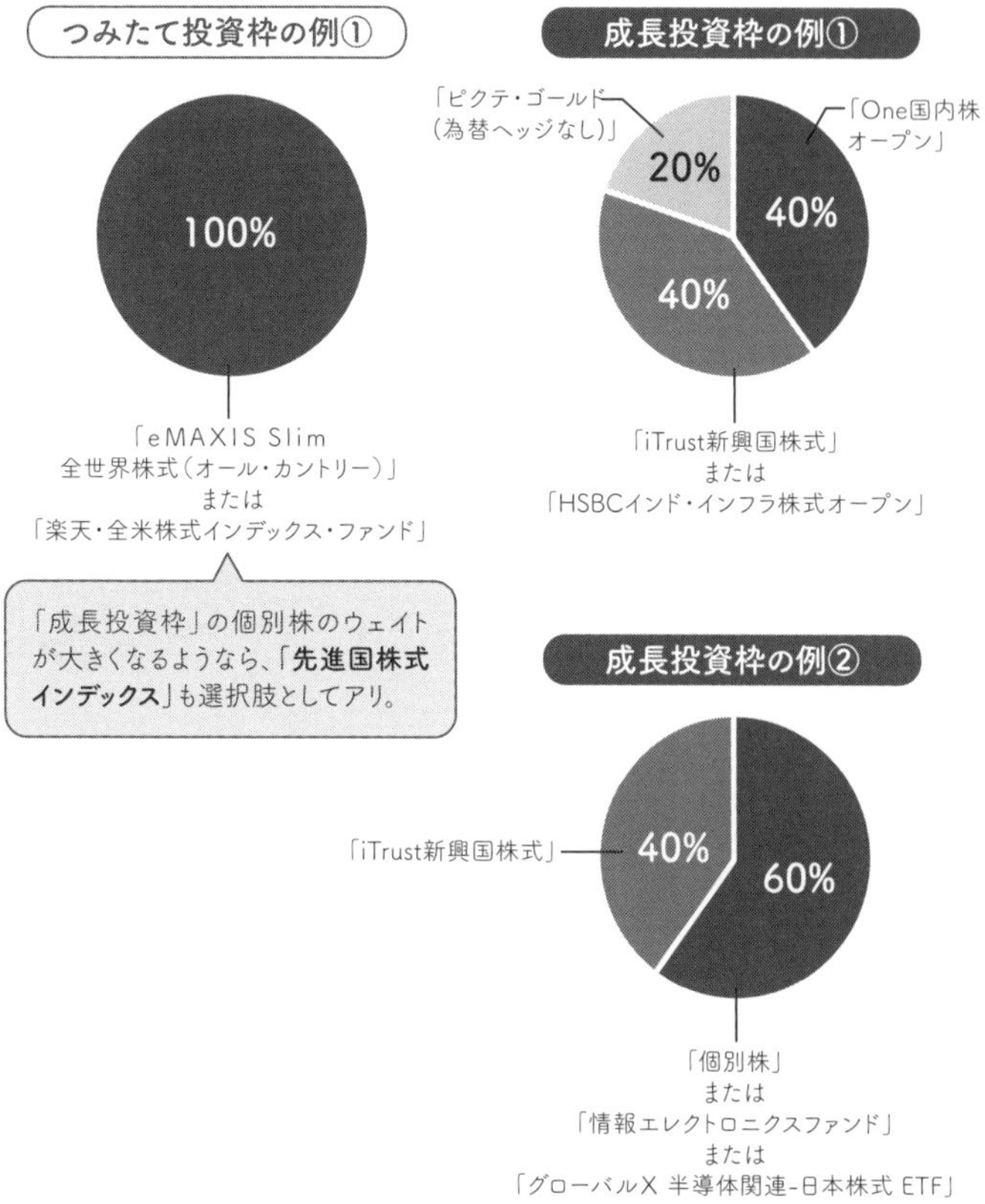

オススメのポートフォリオ❷ 30～40代

こんな人にオススメ

ライフイベントも出費も増える
30～40代

つみたて＆成長投資枠をフル活用！
「使いながら増やす」を実践

●つみたて投資枠

つみたて投資枠は、「基本的に取り崩さない」という前提のもとで商品を選ぶことが重要です。スタンダードに「全世界株式インデックス」1本、あるいは、もう少しリスクを取り、複数の商品を組み合わせてオリジナルのグローバル株式ファンドをつくってもよいでしょう。積み立てる金額は、成長投資枠と合わせて5万円から10万円程度を目標にしましょう。

●成長投資枠

つみたて投資枠でリスクをしっかり取りながら時間をかけて資産を積み上げる場合、成長投資枠についてはある程度自由に活用して問題ありません。特に、子どもの教育資金や住宅購入時の頭金など、「近い将来ほぼ確実に訪れる出費」に備える必要がある人は、バランス型を活用してリスクを抑え、インフレに負けない程度の着実なリターンを目指しましょう。値動きが比較的安定している高配当株式や、債券の組み入れ比率が高いバランス型投資信託などを活用し、保有資産全体のリスク（値動きの大きさ）をコントロールすることが大切です。株主優待や配当を目的として、日本株の部分は個別株にチャレンジしてもよいでしょう。

投資信託・ETFの組み合わせ例

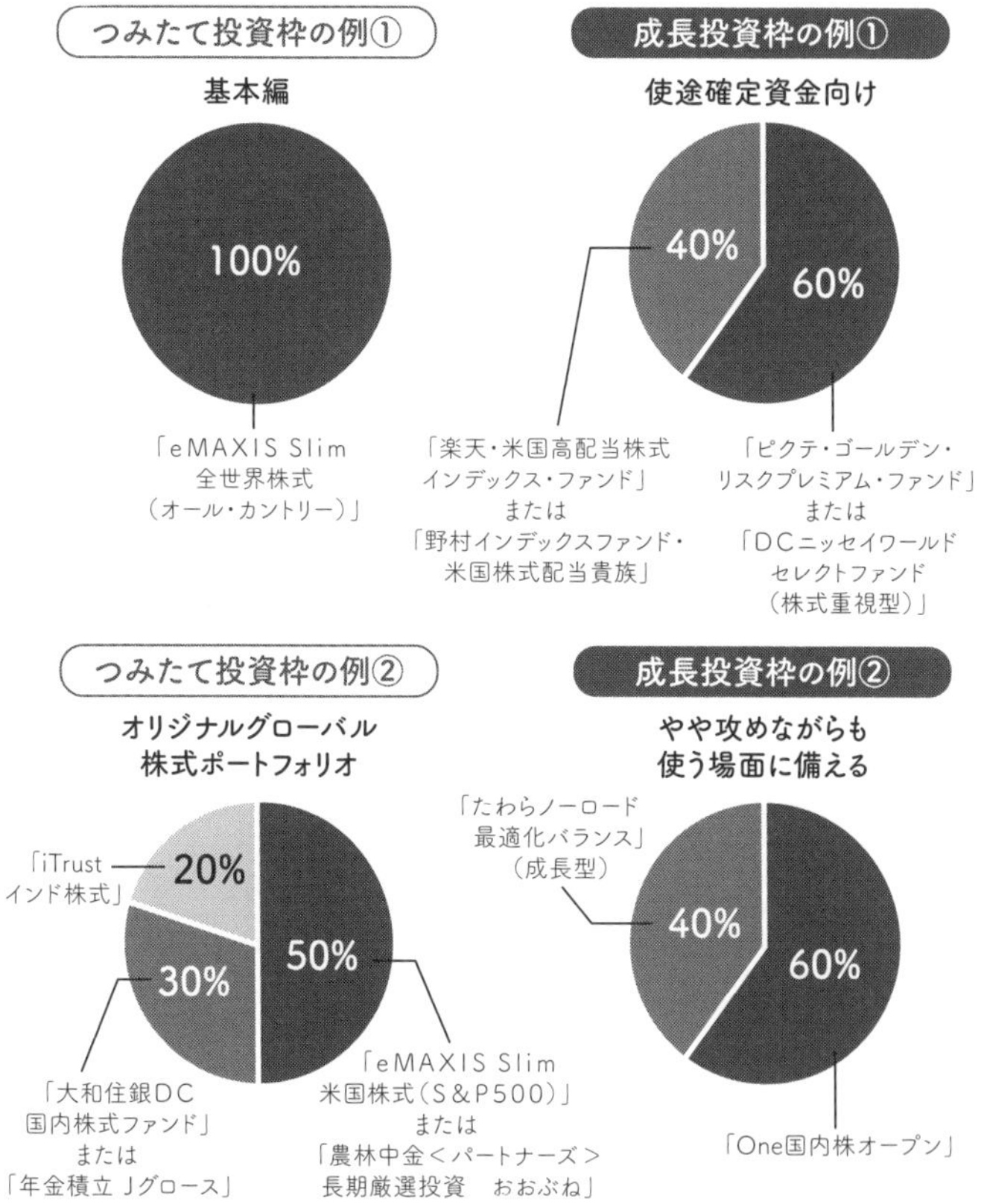
つみたて投資枠の例①
基本編
100%
「eMAXIS Slim
全世界株式
（オール・カントリー）」
成長投資枠の例①
使途確定資金向け
40%
60%
「楽天・米国高配当株式
インデックス・ファンド」
または
「野村インデックスファンド・
米国株式配当貴族」
「ピクテ・ゴールデン・
リスクプレミアム・ファンド」
または
「DCニッセイワールド
セレクトファンド
（株式重視型）」
つみたて投資枠の例②
オリジナルグローバル
株式ポートフォリオ
「iTrust
インド株式」
20%
30%
50%
「大和住銀DC
国内株式ファンド」
または
「年金積立 Jグロース」
「eMAXIS Slim
米国株式（S&P500）」
または
「農林中金＜パートナーズ＞
長期厳選投資　おおぶね」
成長投資枠の例②
やや攻めながらも
使う場面に備える
「たわらノーロード
最適化バランス」
（成長型）
40%
60%
「One国内株オープン」

オススメのポートフォリオ❸ 40～50代

こんな人にオススメ

これまで貯蓄はしてきたけど
…という
40～50代

リスクをコントロールしながら、
『まとまったお金』も無駄なく投資に回す

●つみたて投資枠

時間分散の観点で、まとまった資金の一部をつみたて投資枠で積み立てましょう。インデックスと「緩衝材」代わりのバランス型ファンドでリスクをやや抑え気味に。または、値動きが比較的大きいバランス型ファンドを1本積み立てるのでも構いません。つみたて投資枠は最大で年間120万円、これを月に直すと10万円なので、最大10万円と考えて積立額を調整してください。

●成長投資枠

手元資金が投資機会を奪われた状態はあまり望ましくないので、まとまった資金がある場合は、成長投資枠での一括投資も視野に入れましょう。直接的な為替リスクを負わなくてもよい日本株のほか、つみたて投資枠よりもややリスクの低いバランス型を取り入れるなどして、一括投資でもリスクが分散されるようにすることがポイントです。「腹八分」の、欲張りすぎないポートフォリオが基本です。

投資信託・ETFの組み合わせ例

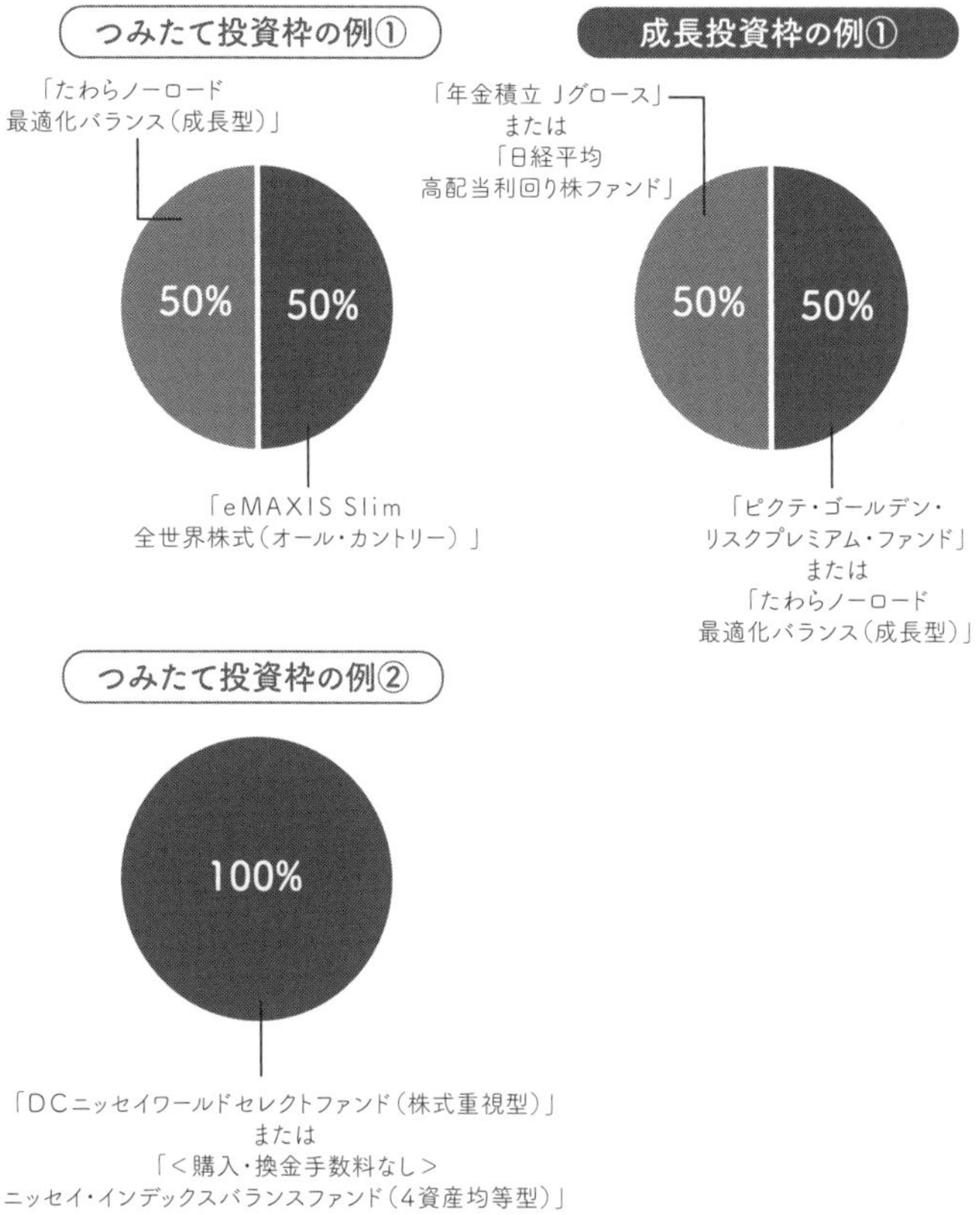
つみたて投資枠の例①
「たわらノーロード
最適化バランス(成長型)」
50%
50%
「eMAXIS Slim
全世界株式(オール・カントリー)」
成長投資枠の例①
「年金積立 Jグロース」
または
「日経平均
高配当利回り株ファンド」
50%
50%
「ピクテ・ゴールデン・
リスクプレミアム・ファンド」
または
「たわらノーロード
最適化バランス(成長型)」
つみたて投資枠の例②
100%
「DCニッセイワールドセレクトファンド(株式重視型)」
または
「＜購入・換金手数料なし＞
ニッセイ・インデックスバランスファンド(4資産均等型)」

オススメのポートフォリオ④50代以上

こんな人にオススメ

「今からでも間に合う?」と
不安な50代以上

セカンドライフを見据え、インフレに負けない資産づくりを実践

●つみたて投資枠

時間分散の観点から、まとまった資金の一部をつみたて投資枠で積み立てましょう。為替リスクを直接的に負わない日本株の投資信託か、あるいは値動きが比較的安定しているバランス型でもよいでしょう。つみたて投資枠で投資できる最大額は年間120万円です。月に直すと10万円になるので、月最大10万円を目安に積み立て額を調整してください。

●成長投資枠

「40～50代」と同様、手元資金が投資機会を奪われた状態はあまり望ましくありません。したがって、まとまった資金がある場合は、成長投資枠での一括投資も活用しましょう。一括投資においては、株以外の資産(債券、金)も一定割合組み入れるバランス型を中心に、リスクを取りすぎないようにするのがポイントです。また、資産を取り崩す必要が当面なく、リスクを取れる場合は、最大40%程度を株式型の投資信託に回しましょう。つみたて投資枠が日本株中心なら、成長投資枠で海外株式を、つみたて投資枠がバランス型中心なら成長投資枠で国内株式を組み合わせるとよいでしょう。

投資信託・ETFの組み合わせ例

つみたて投資枠の例①

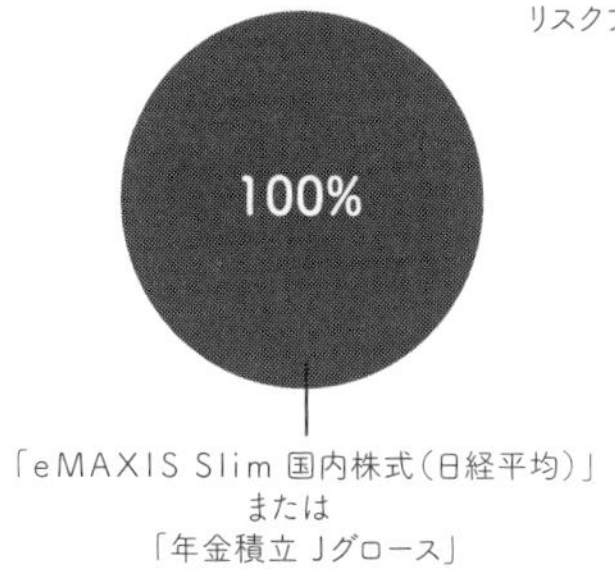

成長投資枠の例①

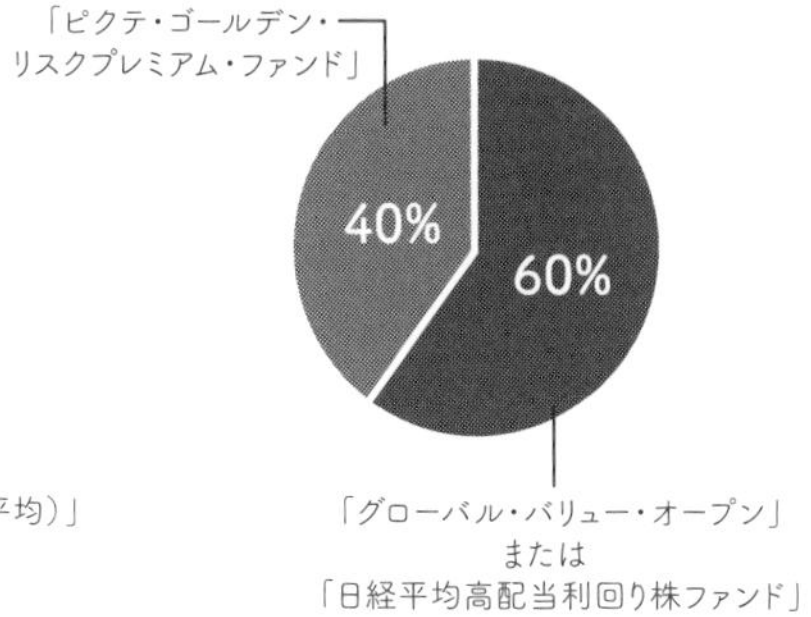

つみたて投資枠の例②

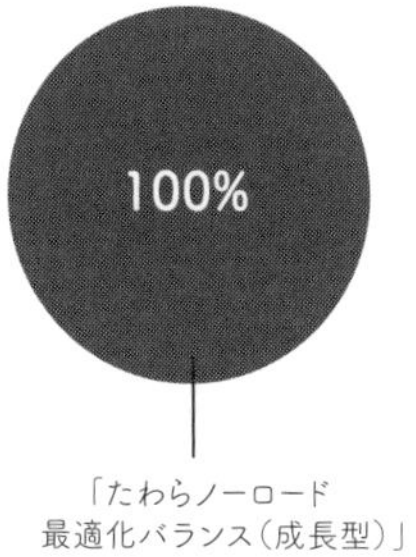

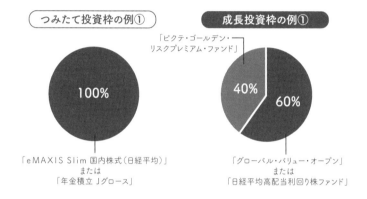

オススメのポートフォリオ⑤番外編

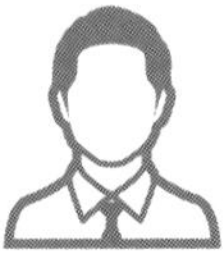

こんな人にオススメ

【番外編】
成長投資枠で
個別株投資をしたい人

投資信託とETFで「脱・日本」ポートフォリオ

●つみたて投資枠

つみたて投資枠は、タイプの異なる2種類のインデックスファンドと、インド株式も入れました。インドや新興国については、成長投資枠で保有しても構いません。

●成長投資枠

個別株は成長投資枠でしか保有できないため、成長投資枠で保有する商品を固めてから、つみたて投資枠の商品を検討します。まずは、保有銘柄が成長投資枠の何割程度を占めるかを確認しましょう。個別株は、株価水準によっては非課税枠の大部分を占めることになるため、必要に応じて単元未満株も活用するとよいでしょう。

成長投資枠の選択肢としては、①投資信託、または、②ドル建ての海外ETFがあります。積み立てなら投資信託、一括投資ならETFもオススメです。なお、ドル建ての海外ETFは、ETFの売却後も、米ドルのまま資産を保有し続けられます。円に交換するタイミングを自分で見極めたいという方、ドルを保有し続けたいという方にもオススメです。少しリスクを抑えたいということであれば、海外ETFまたは投資信託のうち3割程度を金（ゴールド）に振り向けてもよいでしょう。

投資信託・ETFの組み合わせ例

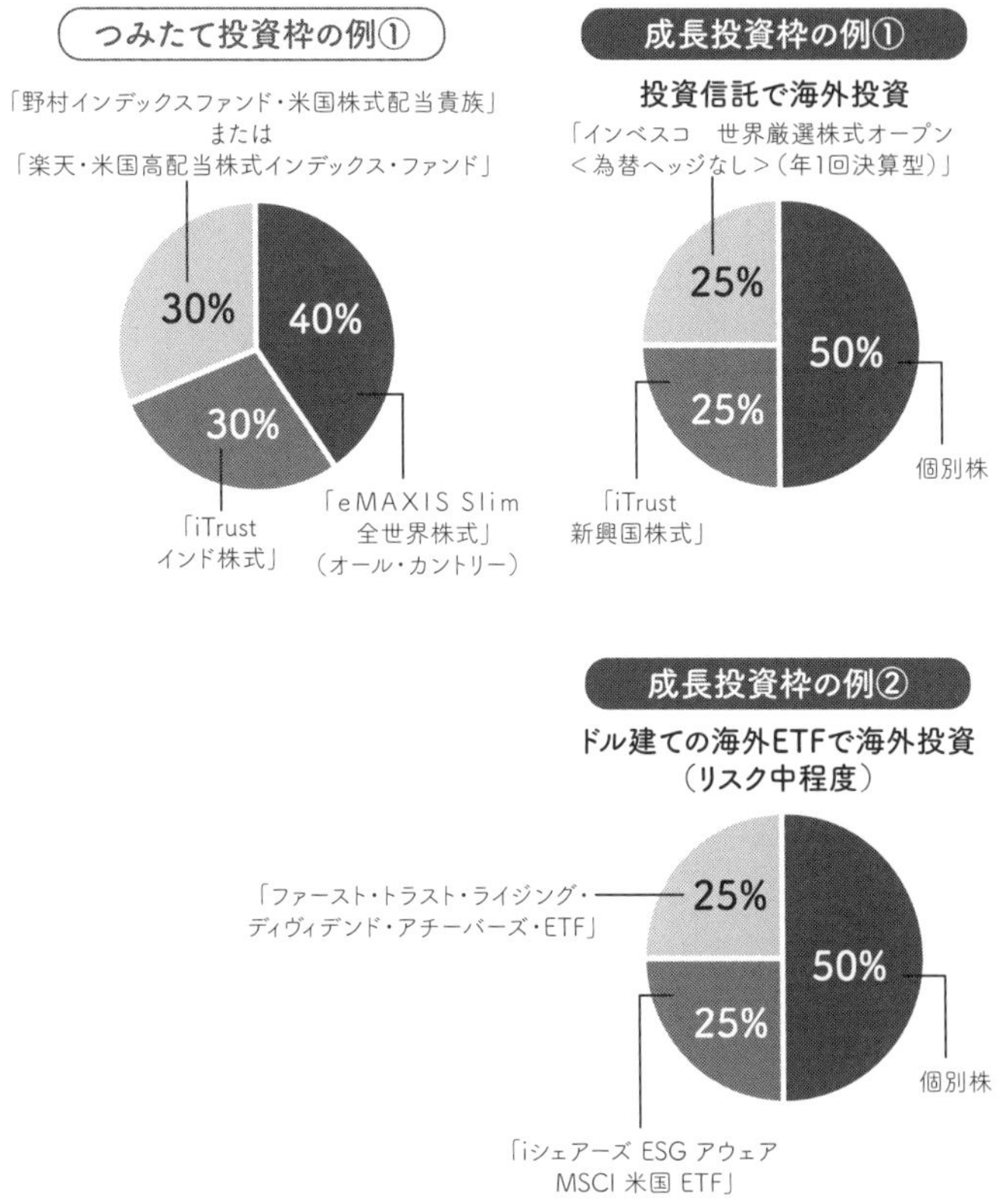
つみたて投資枠の例①
「野村インデックスファンド・米国株式配当貴族」
または
「楽天・米国高配当株式インデックス・ファンド」
30%
40%
30%
「iTrust
インド株式」
「eMAXIS Slim
全世界株式」
（オール・カントリー）
成長投資枠の例①
投資信託で海外投資
「インベスコ　世界厳選株式オープン
＜為替ヘッジなし＞（年1回決算型）」
25%
50%
25%
個別株
「iTrust
新興国株式」
成長投資枠の例②
ドル建ての海外ETFで海外投資
（リスク中程度）
「ファースト・トラスト・ライジング・
ディヴィデンド・アチーバーズ・ETF」
25%
50%
25%
個別株
「iシェアーズ ESG アウェア
MSCI 米国 ETF」

第6章

投資信託購入後のアフターフォロー

投資信託のアフターフォロー❶

商品の「成績」を〝正しく〟判断する方法

株式投資の世界では、株価の妥当性を判断する指標として、PER（株価収益率＝株価を1株あたりの利益で割ったもの）や、PBR（株価純資産倍率＝株価を1株あたりの純資産額で割ったもの）が用いられます。株価の割安度合いも、こうした指標を参考に判断されます。

では、「割高」「割安」の概念がない投資信託はどのように評価するかというと、一般的に投資信託の世界では、その商品が取ったリスクの大小を考慮に入れて評価します。単純なリターンではなく「リスク控除後」のリターンを重視するのは、運用成績に含まれる「偶然」や「まぐれ」の要素を可能な限り排除するためです。リターンのみで単純に比較してしまうと、特に相場の上昇局面においては、その成績が一過性だったという可能性も否定できず、注意が必要になるのです。

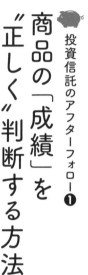

そこで、リターンの根拠となる「リスクの大きさ」を考慮に入れることで、身の丈に合った運用ができているか否かの判断が可能になります。リスク控除後のリターンを表す代表的な指標には、「シャープレシオ」があります（203ページの図を参照）。シャープレシオは、負ったリスクに対してどれだけリターンをあげることができたかを表す指標で、一般的に値が1を超えているか、もしくは1に近いほど優秀とされます。ネット証券を中心に、投資信託を販売している金融機関のウェブサイトで確認できます。

ここで、シャープレシオに関するクイズを1つ出します。

【問題】次のAとBのシャープレシオの活用方法のうち、正しいのはどっち？

A．おもに日本株に投資するAと、米国債券に投資するBについて、過去3年間のシャープレシオを比較した

B．日本株が投資対象のAとBについて、過去3年間のシャープレシオを比較した

答え：B

シャープレシオは、同じ資産タイプ、かつ、同一期間の商品比較に活用することが原則です。

Aの場合、株式と債券では想定されるリスク水準が異なるうえ、日本の円建て資産と米国のドル建て資産でもまたリスク水準が異なります。

Bについても、一般的に運用期間が短ければ短いほど基準価額のブレ幅は大きく、商品のリスク（標準偏差）水準も高くなる傾向にあるので注意が必要です。

なお、半年から1年など、短期間で株式市場が急上昇すると、分母のリスク（標準偏差）と分子のリターンの双方の数値が高くなるため、シャープレシオ自体も極端に高くなることがあります。したがって、シャープレシオを見るときは、特定の期間の「輪切り」の情報だけでなく、推移を見ることが重要です。市場が急に大きく変動すると、数値も突発的に上がったり下がったりすることがあるためです。

直近半年や1年だけでなく、3年、5年、10年など、中長期の数値もあわせて確認しましょう。

投資信託の成績を判断する方法

シャープレシオとは…

取ったリスクに対して
どれだけリターンをあげることができたかを表す指標。

シャープレシオの計算方法

（リターン（%。平均収益率） − 安全資産のリターン（%）） ÷ リスク（%。標準偏差）

数値が大きくなるほど
「低いリスクで高いリターンが得られる
運用効率がよい商品」になる

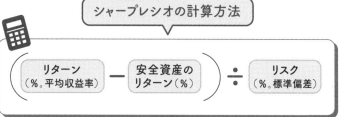

投資信託のアフターフォロー❷

「期間リターン」と「年率リターン」の違い

前述の通り、投資信託を運用効率の観点で評価する際は、取ったリスクに対してどれだけリターンをあげることができたかを示す、シャープレシオが適しています。

とはいえ、目に飛び込んでくる単純なリターンの値は、良くも悪くもインパクトがあります。

その値こそが、実際に私たちが手にできる運用の果実だからです。

投資信託の複数の期間のリターンを比較する際によく使われるのが、「年率リターン」です。

この「年率リターン」を誤って理解している人がじつに多いのです。

では早速、再びクイズを通して、投資信託のリターンの違いを確認しておきましょう。

【問題】次のAとBの2本の投資信託のうち、5年後に獲得できるリターンが高いのはどちらか？

A．5年間にわたり、毎年5%ずつリターンを獲得できる商品

B．5年ごとに、25%ずつリターンを獲得できる商品

※計算は複利とし、税金は考慮しない

答えは、Aの「5年間にわたり、毎年5%ずつリターンを獲得できる商品」です。

「5年間にわたり毎年5%ずつ」と、「5年ごとに25%ずつ」というのは、一見するとリターンに差がないように思えます。

この問題を解くヒントは、「年率リターン」と「複利効果」に隠されています。

年率リターンとは、期間リターンを「1年あたり」に換算したもので、「1年あたりリターン」とも呼ばれます。

年率リターンを使うと、この問題の例のような異なる計算期間の商品を比較しやすくなります。

Aの年率リターンは、問題の通り「毎年5％」なので「5％」です。

一方、Bの年率リターンは、次の式で求められ、「4.6％」になります。

$$\sqrt[5]{(1+0.25)}-1$$

「25÷5＝5」にならないのは、複利効果（得られた利益を元本に毎年積み上げ、継続的に運用することで、元本がふくらんでいく効果）があるためです。

ちなみに、右の計算をエクセル上で行う場合は、セルに次の数式を入力してください。

```
=(0.25+1)^(1/5)-1
```

では、AとBそれぞれの5年間の期間リターンは何％でしょうか？

Bの期間リターンは、やはり問題文の通り、「5年ごとに25％」なので、「25％」です。

一方、Aの期間リターンは、複利効果を考慮に入れた以下の式で求められます。

$(1+0.05)^5-1=27.6\%$

こちらも、エクセル上で計算を行う場合は、セルに次の数式を入力してください。

=(0.05+1)^5-1

以上をまとめると、Aの「5年間にわたり、毎年5％ずつリターンを獲得できる商品」のほうが、5年後に獲得できるリターンが高いことがわかります。

これこそが、長期投資で力を発揮する複利効果の正体です。

ちなみに、次の3つの投資信託の年率リターンは、いずれも先の「5年ごとに、25％ずつリターンを獲得できる商品」と同じ、4.6％です。

・3年の期間リターンが14.5％の商品
・8年の期間リターンが43.5％の商品
・20年の期間リターンが144.5％の商品

細かい計算は割愛しますが、やはりパッと見ただけでは、リターンの差がわからない

年率リターンと期間リターン

	商品の内容	年率リターン	期間リターン
商品A	5年間にわたり、毎年5％ずつリターンを獲得できる	5%	**27.6%**
商品B	5年ごとに25％ずつリターンを獲得できる	**4.6%**	25.0%

⬇

一見、同じような商品内容に見えるが、
年率リターンと期間リターンの数字は違う！

と思います。この例からもわかるように、期間リターンは個々の投資信託のリターンを把握するうえでは使いやすいものの、異なる計算期間の投資信託を比較するのには向いていません。投資信託の世界で年率リターンが多く使われるのは、こうした異なる計算期間の商品を比較しやすくするためなのです。

投資信託のアフターフォロー❸

購入後にチェックしておきたい資料と2つのチェックポイント

投資信託は、プロに運用を任せる金融商品なので、購入後は基本的に「ほったらかし」で問題ありません。

ただし、半永久的に「ほったらかし」にするのはオススメできません。

商品の運用自体はプロに任せたとしても、購入側の最低限のメンテナンスはやはり必要です。

そこで、ここでは商品の購入後に最低限チェックしておきたいことについてお話しします。

投資信託の運用会社は、様々な資料を提供しています。

まず、金融商品取引法に基づいて作成・開示されるのが、商品の説明書である「目論見書」と、決算ごとの成績表である「運用報告書」です。

この2つの資料は、運用会社に作成義務があるので、どの投資信託にも必ず用意されています。

また、多くの運用会社では、目論見書の補完を目的とした「販売用資料」や、毎月の運用状況がわかる「月次レポート」も作成しています。

さらに最近は、相場の変動によって基準価額が大きく下落したときや、運用の「中身」を大幅に見直すときなどに、別途「特別レポート」が作成されることも増えました。

これらの資料は、ごく一部の例外を除き、運用会社のウェブサイトに掲載されているので、購入前でも目を通すことが可能です。

このうち、**投資信託の購入後に目を通したいのが「月次レポート」**です。

月次レポートは、月1回開示されます。年1～2回開示される運用報告書よりも頻度が高く、速報性もあるので、特にアクティブ型の投資信託を保有している場合は、定期的に確認することをオススメします。商品選びの参考にも活用できます。

データのチェック項目で重要なのは、基準価額の推移（リターン）と純資産残高です。

基準価額は、ベンチマークや参考指数との比較が大切です。

多くの商品の月次レポートでは、基準価額の推移の折れ線グラフのほか、各種のリターンの一覧表が掲載されています。

アクティブ型なら、恒常的にベンチマークを上回っていることが望ましいですが、仮に下回っていたとしても、６カ月から1年程度であれば、それほど目くじらを立てる必要はないでしょう。

ただし、大きく下回った状態が1年以上続いているときは注意しましょう。なぜベンチマークを下回っているのか、運用成績が振るわなかったのかについて、運用担当者のコメントが載っているはずなので必ず読んでください。運用スタイルや投資対象が似ているほかの商品と比較してもよいでしょう。

純資産残高についても、参考程度に見ておきましょう。増えている間は基本的に大きな問題はないのですが、減ったときは、その原因を探ることが重要です。

純資産残高は、投資している金融商品の価格の変動で増えたり減ったりします。株式相場の下落などで、純資産残高が一時的に減少するのはよくあることです。相場が原因であれば、たいして気にする必要はありません。

しかし、株式相場が回復しても、残高が回復せず減少を続けているときは少し注意してください。

相場が安定しているにもかかわらず、減少している場合は、投資家の投資信託の解約が相次いでいる可能性が高いからです。

運用会社は、解約が発生すると、投資家に返金するために現金を手元に用意しておく必要があるため、投資している株式や債券を売却することになります。

解約が増えれば、売却する資産も増えていきます。

もし有望な銘柄を見つけたとしても、新しく資金を投入するといった、前向きな投資ができなくなります。

すると、しだいに満足な運用が行えなくなります。

残高が減少し、ついに運用に支障が出るようになると、運用成績を回復させるのは難しくなります。

信託報酬などのコストの負担もしだいに重くなり、最悪の場合、繰上償還によって強制的に運用が終了することもあり得ます。

なお、運用が上手くいっていて基準価額が上昇しているときでも、純資産残高が減ることがあります。利益を確定するために、解約する投資家が増えることが原因です。

ただし、これは一時的な現象で終わることも多いので、継続的に減っているような状態でなければ、過度に気にする必要はありません。

くれぐれも基準価額だけに気をとられず、純資産残高の推移も忘れずにあわせてチェックするようにしてください。

投資信託の「持続可能性」とは

新NISAの対象商品には、信託期間（設定から償還までの年数）20年以上という条件が設けられています。

信託期間は、各投資信託の目論見書で確認することができます。

投資信託の中には、信託期間が「無期限」となっている商品があります。「無期限」というのは、つまり、償還までの期限を設けず、半永久的に運用を続けることを書面上約束しているということです。

「書面上」と表現したのは、所定の手順を踏めば、ルール上、運用会社は運用を終了することもできるためです。

具体的には、運用成績が振るわずに恒常的な資金流出が続いたり、投資家の支持を集められず、残高（口数）の増加がこれ以上見込めなかったりする場合、運用会社は投資信託の運用を終了し、資産の清算を行って、償還日とした時点の保有者に対して保有している口数に応じたお金を返還します。これを**繰上償還**といいます。

こうした対応が認められている理由は、残高が一定水準を超えないと、効率的な運用ができず、運用を続けていても赤字を垂れ流す状態になってしまうためです。

このように、投資信託は、規模の経済が働く金融商品です。

では、純資産残高は大きければ大きいほどよいかというと、それも違います。

短期間のうちに急激に資金が流入し、残高が増えすぎてしまうと、当初の投資方針を守れなくなり、運用成績の低下につながることがあります。

スムーズな運用ができる残高の規模は、投資対象や運用手法によって異なります。

市場規模が相対的に小さく、流動性が低い中小型株式のほか、新興国株式を組み入れた投資信託などは、信託財産の限度額を数十億円から数百億円程度に設定しています。

この水準を超えそうになったら、販売を一時停止するという措置を取ります。

市場規模が十分に大きい日本株や米国株を投資対象とする投資信託でも、ファンドマネジャーの意向を反映して、一時的に販売停止措置が取られることがあります。残高を適正な水準に保つことも、運用上の大切なプロセスの1つなのです。

なお、新NISAの対象商品は、投資信託の運用を担う運用会社が自ら届出を行ったものを、社団法人投資信託協会が取りまとめて公表しています。

金融庁は、監督官庁として対象商品の「基準」を作成しているにすぎず、また、投資信託協会も、個別の投資信託の良し悪しを判断しているわけではありません。

したがって、各投資信託が安定した成績を収め、長期にわたって投資家の支持を集められるかどうかは、あくまでも運用会社の運用手腕にかかっているというわけです。

投資信託のアフターフォロー❺

旧NISAで含み益が出ている商品は売却したほうがよい？

旧制度の一般NISAとつみたてNISAは、いずれも2023年末をもって新規の買付が終了しました。

積み立てをしていた場合、積み立て設定が原則として新NISAに引き継がれますが（新NISAで対象外の銘柄など一部の積み立て設定を除く）、旧制度で購入した商品を新NISAに「移管」することはできません。商品はあくまでも旧制度のNISA口座内で保有を続けることになります。

旧一般NISAは、投資をした各年から数えて5年、つみたてNISAは同20年間、非課税で運用を継続できます。つまり、制度の最終年にあたる2023年の購入分は、一般NISAで最長2027年まで、つみたてNISAで同2042年まで非課税で商品を保有し続けることができます（次ページの図を参照）。

旧NISAの非課税期間

つみたてNISAの非課税期間は最長20年間
（最大で2042年まで）

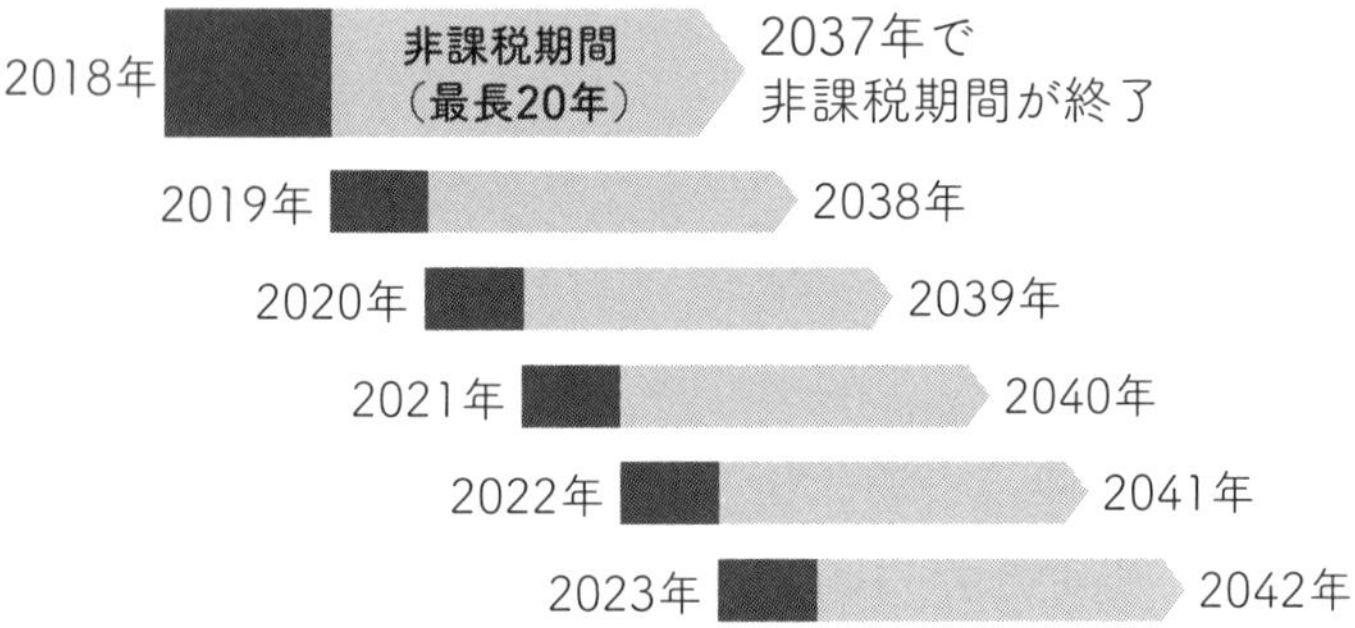

一般NISAの非課税期間は最長5年間
（最大で2027年まで）

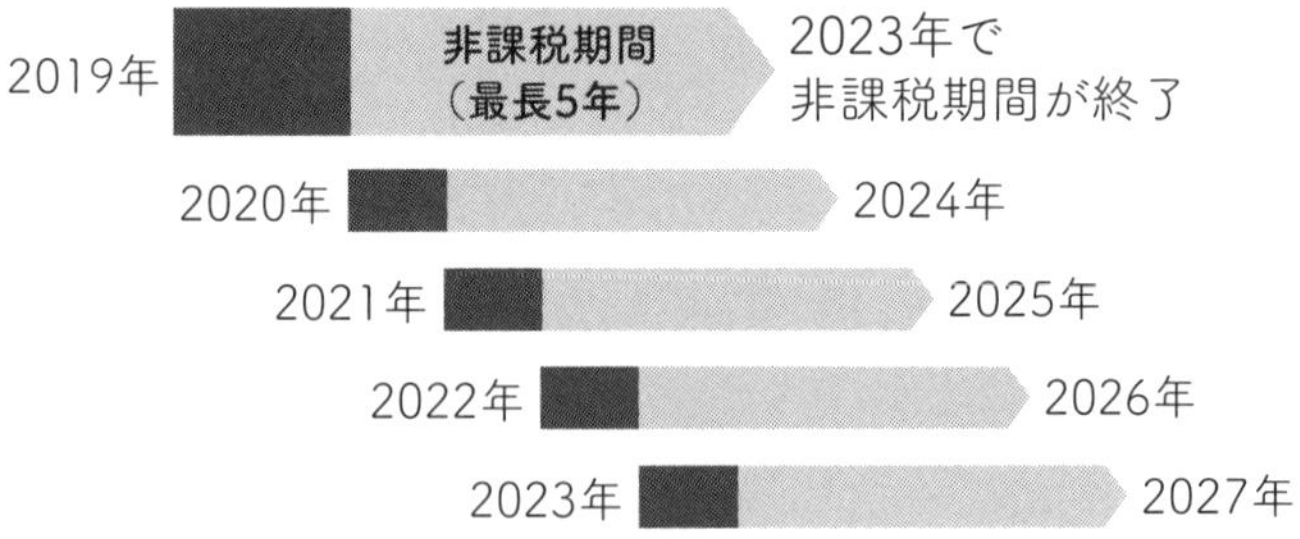

つみたてNISA、一般NISAともに、非課税期間中に売却しない場合、課税口座に払い戻し。

いずれも、非課税で継続保有できる期間に猶予はあります。しかし、いずれは終了するため、一定程度のリターン（含み益）が発生している場合は、非課税期間の満了を待たずして売却し、新NISAの投資原資に充てるなどしてもよいでしょう。売却の目安となるリターンの水準は、おおむね20％程度と考えてください。

「まだ猶予がある」と安心して、うっかり旧制度の非課税保有期間を過ぎてしまうと、保有商品は課税口座へ払い出されてしまいます。その場合の取得単価は、非課税期間最終日の基準価額、もしくは、終値になります。含み益が出ていることに気付かずに課税口座に払い出されてしまうと、売却時に課税されてしまいます。非課税保有期間が2027年で終了する一般NISAを利用していた人は、特に注意が必要です。なお、第2章でも触れた通り、投資信託は、一度に全額を売却することはもちろん、「保有資産の半分だけ」や、「含み益相当分だけ」など、金額や口数を指定して部分的に売却することもできます。

部分売却の場合は、「先入先出法」により、取得（購入）日が古い（前の）ものから順次売却されます。直近に購入したものを先に売却したり、特定の年月に購入したものを指定して売却したりということはできないので注意しましょう。

使い方2 目標とする資産総額が決まっている場合

年齢（入力）	月間積立額（入力）	運用スタイル（選択）		想定利回り
40歳	30,000	超積極的（運用期間20年以上）		10.0%

70歳	までに	2,000万円	準備したい場合に必要な月間積立額	8,848円

積立期間	年齢	年間積立合計額	累積積立額	累積運用収益	年末残高
1	40	360,000	360,000	16,967	376,967
2	41	360,000	720,000	73,407	793,407
3	42	360,000	1,080,000	173,455	1,253,455
4	43	360,000	1,440,000	321,675	1,761,675
5	44	360,000	1,800,000	523,112	2,323,112

① **現在の年齢**（または積立を開始する年齢）を半角で入力します。
② **目標とする資産総額と達成したい年齢**を半角で入力します。
③ プルダウンから「運用スタイル」を選択します。
本シミュレーターでは便宜上、想定年率リターンを以下の4パターンとしています。
安定的：5.0%
積極的：7.0%
やや積極的：8.5%
超積極的：10.0%
カッコ内を「運用に充てられる期間」と読み替えて選択してください。
「全世界株式型（オールカントリー）インデックス」を想定する場合、「超積極的（運用期間20年以上）」を選択してください。
④ 想定年率リターンを基に計算した、毎月必要な積立額です。

使い方 1 毎月の積立額が決まっている場合

	① A	② B	③ C	D	E	F
1	年齢（入力）	月間積立額（入力）	運用スタイル（選択）		想定利回り	
2	40歳	30,000	超積極的（運用期間20年以上）		10.0%	
3						
4	70歳	までに	2,000万円	準備したい場合に必要な月間積立額		8,848円
5					④	
6	積立期間	年齢	年間積立合計額	累積積立額	累積運用収益	年末残高
7	1	40	360,000	360,000	16,967	376,967
8	2	41	360,000	720,000	73,407	793,407
9	3	42	360,000	1,080,000	173,455	1,253,455
10	4	43	360,000	1,440,000	321,675	1,761,675
11	5	44	360,000	1,800,000	523,112	2,323,112

① **現在の年齢**（または積立を開始する年齢）を半角で入力します。
② **毎月の積立額**を半角で入力します。
③ プルダウンから「**運用スタイル**」を選択します。
便宜上、本シミュレーターでは想定年率リターンを以下の４パターンとしています。
安定的：5.0%
積極的：7.0%
やや積極的：8.5%
超積極的：10.0%
カッコ内を「運用に充てられる期間」と読み替えて選択してください。
「全世界株式型（オールカントリー）インデックス」を想定する場合、「超積極的（運用期間 20 年以上）」を選択してください。
④「累計運用収益」には複利効果が反映されています。

特別付録

無料特典の使い方

本書をご購入いただいたみなさまへの無料特典として、新NISAの積み立てシミュレーションができるエクセルシートを差し上げます。本シミュレーターを使うと、積み立てを行ったときに、どれくらいの年月でどれくらいの資産が積み上がっていくかを時系列で確認できます。また、「何歳までにいくら準備したい」というおおまかな目標を立てる場合も、本シミュレーターを使って資産形成のプランを立てることができます。

↓無料特典エクセルシートのダウンロードURL

https://ul.sbcr.jp/TOKU-iPWdP/

※エクセルシートは、Microsoft365 および Excel2021 に対応しています。